新装版

大無量寿経

〈他力本願〉

石上玄一郎
結城令聞

法藏館

本書は、昭和五八（一九八三）年刊行の『大無量寿経《他力本願》』第四刷をオンデマンド印刷で再刊したものである。

再刊にあたって、今日の人権意識に照らして好ましくない表現が見られますが、原文の時代背景や著者が差別を助長する意図で使用していないこと、著者が故人となっていることなどを考慮し原文のままといたしました。

目次

大無量壽經入門

結城令聞

他力本願

——大無量壽經——

石上玄一郎

一　他力への道

處女作「繪姿」の出發からして、佛教的な思想に多くの影響を受けた私は、最近また佛教雜誌「大法輪」に佛教說話を連載したりした事が機緣になつて、今度不敏を顧ず「大無量壽經」の現代語譯に手を染める事となつた。

實を云へば私がこれまで佛典の中で最も心惹かれたのは、主として華嚴とか法華であり、あるひはまた碧巖錄、無門關といつたやうな禪門の書で、世に聖道門と稱ばれる自力的な敎法である。つまりこれに對して淨土門と稱ばれる他力敎は、何故かつねに通俗的な感じのする先入觀がつきまとつてあまり關心が持てなかつた。

これは自分にはやはりさかしらな自らを恃む心があつて、兎角、超俗高踏的な宗派を好み、庶民の宗敎である淨土門を淺薄通俗なものに思ひ倣して「他力往生」のふかい意味を悟ることができなかつたからに他ならぬ。

「蟹は自らの形に似せて穴を掘る」といふが、淨土門を淺薄、通俗なりと考へてゐた私は、いまこの「大無量壽經」を通讀するにあたつて、むしろ自らのあさはかさをこそふかく恥ぢねばならなかつた。それどころか今にして私はこの大經こそ、親鸞聖人が「敎行信證」の中で述べられた如く、全佛敎を通じての根本聖典と思ふものである。

釋尊がこの世に出て説法された本懷も、つまるところは衆生濟度の他にはない。して見れば成道直後に説かれたといはれる華嚴をはじめ、それに次ぐ阿含、方等、般若、法華などの、所謂「五時八敎」も、すべてみな究竟の敎である淨土敎を説くための準備工作と考へるのが至當であらう。

口傳鈔には、これらの聖道門諸敎を目して、「たとへば月待つほどの手弄《すさ》びの風情なり」と述べてゐるが、たしかにこの「大無量壽經」に説かれた無量壽佛の弘願《ぐがん》、即ち一切衆生のあますところなき絶對無條件の救濟といふ大誓願に比するならば、それ以前の諸經に説かれたところはほんの序論といつて差支へあるまい。

「三界唯一心」を説く華嚴にしろ、戒を重んじる阿含にしろ、佛心の「廣大平等」を説く方等、「一切皆空」を説く般若、「一切衆生悉皆成佛」を説く法華にしろ、要するに穢土《えど》を厭離し、煩惱を解脱し、迷妄を轉じて悟りに入らしめるための自力的な修法の敎であつて、いかなる惡人凡夫と雖も救濟されるといふ絶對の證《あか》しは未だなく、この大經に至つてはじめて、それが説かれるのであるから、大經こそ、全佛教の畫龍點睛なのであり、この經なしに佛教は完璧な宗教として成立し難いと云つても過言ではあるまい。

何故なら道德を說くものに儒教あり、深遠な哲理を說くものには古代印度やギリシヤ以來の巨大な形而上學の體系がある。たゞこの無量壽佛の弘願《ぐがん》あつてはじめて、佛教は眞に衆生濟度の宗教たり得ると思ふ。

個々の優れた素質を有つた人達だけが修行や習學により道を悟ることができるのでは、それは萬人を救ふ宗教ではあるまい。宗教であるからには、愚か者なればこそ、惡人なればこそ、眞先に救はれるのでなければなるまい。

大經一部の主旨は、法藏菩薩のたてられた四十八願、その中でも特に本願と云はれる第十八願、卽ち「設《も》し我佛を得たらんに、十方の衆生、至心に信樂して我國に生ぜんと欲して、乃至十念せんに若し生ぜずんば正覺を取らじ」といふ言葉に盡きるのである。

この本願に歸依する以外に果してわれわれの救はれる道があるかどうか、今しばし考へてみよう。

われわれには多かれ少かれ、己を恃む心がある。必ずしも自分を偉人、傑士といふほどには自惚れてなくとも、自分の努力しだい、修行しだいで、何らか安心立命の境地を得られるのではないかと思ふ心がある。殊に知識階級と云はれる人々にはそれが多い。そして私もまた青年客氣の頃にはその例に洩れなかつた。

だが幾多の風雪を經てのち、そも恃むべき自己とは何ぞやといふ事にふかく思ひをいたすとき、足下に口を開けてゐる深淵の暗さに氣づいて、慄然たるもののあるのは、果して私だけであらうか？

この自己なる卑少きはまる存在は、空間的には尾骶骨を有つた五尺の短軀に限定されてをり、時間的には夢幻泡沫にも如かない束の間の生命に依存してゐる。假令、今日一日は健かに過すことができても、明日は病床に呻吟するやも知れず、またいつ災害によつて身を亡すことがないとも限らぬ。たまたま幸運に惠まれて、そこばくの名聲、榮譽、富貴の中に身を置いてゐるにしろ、明日は不慮の出來事によつて失意落魄の身をかこたねばならぬやもはかり難い。

われわれの中の最も聰明、怜悧な者の知識といつても、生死の究極を明らかにすることはできず、最も實證的な知識である科學すら、その知り得るところは蓋然的、相對的な眞理の域を出でない。その智慧の淺薄さはソクラテス流にいふなら「われわれは何も知らないばかりではなく、何も知らないといふ事をすら知らない」のである。

さらにそれら分別の上の智慧を離れ、禪定《ぜんじょう》によつて悟りを得たといふも、その多くは野狐の境界を離れる事を得ない。また戒律を守り、精勵刻苦して修道に努めたにしても、煩惱を解脱することは難しい。何となればそのやうな禪定や苦行による悟りは、この濁世に生れた俗人、凡夫の容易に達し得るところではなく、しかも無常は迅速であつて、限られた自分の力を以てそれを成就すべく人生はあまりに短いからである。

もともと煩惱によつて生れ、煩惱によつてその生存を支えられてゐるこの身である。玉ならば磨けば光を顯はしもしようが、いくら砥石にかけて琢《と》いだとて瓦はつひに瓦である。これこそわれわれの生存の本來の姿なのであつて、生存そのものが迷ひであり罪なのである。

われわれ凡夫の生存と覺者である佛との間には越ゆべからざる深淵があり、斷絶がある。些細な小善を積んだところが、また微力な自らの修行をもつてしたところが、この生死の苦海を超えて彼岸に達することは覺束ない。

若しいまわれわれが大海の眞只中に投げ出されたものとせよ。水練の心得のない者はむろん直ちに溺れるであらうが、假令、どのやうに水練の達者な者であらうと、所詮は溺れることに變りはない。だが假令、水練の未熟な者であらうと、自らの力を知つて、ひたすらに彌陀の弘誓《ぐぜい》の船にすがるならば、助け上げられて彼岸に達することができるであらう。

私は今、この「大無量壽經」を通讀して自力と他力との關係を以上の如く感ずるものである。

自力者とは、自分の水練の力を頼むも結局は力盡き果て苦海に溺れ去る人、他力者とは自らの力のいたらぬ事を知つて弘誓の船を頼む人ではあるまいか？

（現にこの戰爭中も船が撃沈された際、生《なま》じつか水練の心得のあるものは着物を脱ぎ捨て拔手を切つて泳いだために體力盡きて悉く溺れ、却つて水練の心得のないものは板切れにすがつて漂つてゐるうちに他の船に助け上げられたという話を幾度か聞かされた。）

いつたい宗敎の終局の目的が一切衆生の濟度にあるとするならば、今まさに溺れんとする者を眼前にして水練の必要、つまり修道を說くことも、また日頃の懈怠を責めること、つまり過去に犯した罪や不信仰を責めることも効なきことである。肝要なことは一刻も早く全力を盡して救ふといふ事でなければならぬ。このやうな目的に副ふ眞に大乘的な法門は易行道と云はれる淨土門以外にはない事を、私はこの大經を通して知るを得た。われわれの如く罪に汚れに汚れ、愚かな上にも愚かな凡夫にして若し救はれる道ありとすれば、たゞ無量壽佛の本願による念佛往生のほかに求めることはできない。

「徒然草」のとあるくだりに次のやうな言葉がある。

「ある人、法然上人に『念佛の時、睡におかされて行を怠り侍る事、いかがしてこのさはりをやめ侍らん』と申しければ、『目のさめんほど念佛し給へ』と答へられたりける。いと尊かりけり。

また『往生は一定と思へば一定、不定と思へば不定』なりといはれけり。これも尊し。また『疑ひながらも念佛すれば往生す』ともいはれけり。これもまた尊し。」

われわれの如く何事にもひたむきになる事ができず、またさかしらを捨て得ない凡夫の念佛は、とかく懈怠の念佛となり、疑ひながらする念佛となりがちなものである。

「南無阿彌陀佛」と心には唱へながらも、何となく氣恥しく、なかなか口に出して言へないのだ。だが念佛はそのやうな一切を越えたものである事を法然上人は諭されたのであらう。

私はまた法藏菩薩の四十八願中、第十九願にあたる「設し我佛を得たらんに十方の衆生、菩提心を發し、諸の功德を修し、至心に發願して我國に生ぜんと欲せんに、壽終の時に臨んで、もし大衆のために圍遶《いにょう》せられて其の人の前に現ぜずんば正覺を取らじ」といふ來迎引接《らいかういんぜふ》の願文を讀むとき、京都の禪林寺にある「山越の彌陀」の畫像を心に浮べる。ふだん、どのやうな美術品にもあまり關心をもたぬ私ではあるが、この佛畫を見たときばかりはじいいんと胸奥に響くやうな感動を受けた。

おそらく王朝末期の作と思はれるこの佛畫には、衆生のまさに生命終らんとする時にあたつて觀音、勢至その他の大衆をしたがへ、山を越えて來迎される阿彌陀佛の寂靜としたお姿が、浄土を希求する者のひたむきな祈りをもつて描き盡されてゐた。

少年の頃、近親の者の、みまかつたあるものわびた初冬の暮れ方を私は思ひ起した。その時山の端から上る月の中に、私はたしかこれとおなじ佛のお姿を見たのであると……。

二　大無量壽經の構成と内容

中國の東晉時代の譯經者として有名な五重寺の道安法師は、經典はすべて序分、正宗分《しやうしゆう》、流通《るづう》分の三段に分けて解釋すべきことを提唱したが、それ以來、この三段の分け方は經文解釋上の通則となつてゐる。

序分といふのはその經典を說き起すにあたつての謂はば緒論、序文であり、正宗分といふのは一經の主旨を明らかにした謂はば本論なのであり、流通分といふのはこの經を後世に弘め傳へようとする佛の意思を表示した一段なのである。

いま大經をこの通則にしたがつて考察すると、法然上人の「大經釋」によれば、卷頭の「如是我聞」から、やがて釋尊が阿難に向はれて「阿難よ、よく聞け、いま汝のために法を說くであらう」と仰せられたに對し、阿難が「悅んでおうがひいたしませう」と應えるところまでが序分となつてゐる。

また正宗分は、次の「想像も及ばぬほど悠遠の昔に錠光如來と名づける佛が世に出られて」と過去、五十三佛に就いて述べられるくだりから、下卷にいたつて釋尊が彌勒菩薩の問ひに對し「淨土に往生する菩薩や佛弟子の數は晝夜一劫をもつてしてもそれを説き盡すことはできない、いま汝のため說くところはほんの概略である」と應えられるところまでであり、それ以下が流通分といふ事になつてゐる。

この經は、古來、卷上は如來淨土の因果を明し、卷下は衆生往生の因果を示すといはれているが、いま、その內容のあらましをそれぞれのくだりに就いて述べると大略次の如くである。

序　分

まづ卷頭の「如是我聞」であるが、これは佛の說かれた經典のすべてはこの形式を踏んでゐるので、人說にあらざる佛說であることを意味し、法藏または經藏と呼ばれ、論部及び律部のものにはこれがない。

また「如是我聞」の「我」とは、ここでは釋尊の徒弟にあたる阿難で、佛滅後に大迦葉の下で、第一次の結集に參加し、殆どあらゆる經典を暗んじてゐたといはれる多聞第一の佛弟子であることは特記せねばならぬ。この阿難の如きを對告衆《たいがうしゅ》といひ、佛が說法されるとき、聽衆の中から特に選ばれ、その相手として呼びかけられる者のことである。下卷ではこの阿難の他に彌勒菩薩が對告衆となつてゐる。

この「如是我聞」から始つて「釋迦牟尼佛はある時、王舍城外の靈鷲山にましまし、もろもろの佛弟子と共におられたが、その會坐にはまた妙德、普賢、慈氏など高德の菩薩も來會された」といふくだりまでは一般の大乘經典に共通な形式で、所謂「六事成就」を意味する。

その六事成就とは、この教を說く主卽ち佛と、それを聞く大衆、及びこの相互の間の信頼、しかも靈鷲山の如く聖域の地及びこの教を說くに適した時機、聞、信、時、主、處、衆の六事がすべて兼ね具つてゐることなのである。

しかもこの場合、智慧の權化たる妙德（文殊）、慈悲の權化たる普賢、またやがて釋尊滅後の佛地を補ふことになつてゐる慈氏（彌勒）などの諸菩薩が來迎されたといふ事は、この說法が、釋尊の一生に於ける劃期的に重大なものなる事を意味してゐるのである。

次いでこれらの菩薩と單なる自力修行者の違ひ、つまり菩薩行とは如何なるものであるかが、先づその典型である釋迦牟尼佛一生の八相成道に寄せて具體的に說かれてをり、そのあとで一般的に菩薩の自利利他の德が讃嘆されてゐる。

「八相成道」といふのは、つまり處天相、托胎相、出胎相、在家相、出家相、成道相、轉法輪相、涅槃相の八相のことで、釋尊が衆生を救ふためにこの世界に於て示された八種の姿の事である。

また菩薩の德を讃へるに就いても、先づ菩薩の修行——自利、卽ち「上求菩提」と、利他、卽ち「下化衆生」とに就いて說き、前の八相成道と相まつて、佛敎の骨格ともいふべきものが示されてゐる。

かくて六事は成就し、說法の機は熟したが、誰かがその機をとらねばならぬ。その役割を果すのが前述の阿難で、自ら對告衆となり、「今日、世尊のお顏を拜しまするに、これまでになくふかい悅びを湛えておいでになりますのは果して何が故でございませうか。必ずや偉大なる思想の啓示を受けられたのでございませう」と質問する。

それに對して釋尊は「我がこの世に生れた本意は大慈悲心をもつて、眞實利益ある法を說き一切衆生を救はんとするにある。自分がこれから說く法は、三千年に一度咲くといふ優曇華の花を見るよりも更に稀有のものである。汝等よく心して聞けよ。確かに聞けよ」と仰せられてこの說法が始る。この時、釋迦牟尼佛はこれからまさに說かんとする無量壽佛と念じ合ひ、無量壽佛と一體となり、所謂「彌陀三昧」に入られた。したがつて古來、この經が彌陀の直說といはれる所以である。

正宗分

この本論を一言にして盡すなら無量壽佛の本願の生起本末を說いたものと云へよう。無量壽佛とはむろん阿彌陀佛の譯名であり、佛となられる以前の名は法藏比丘である。

これは大別して彌陀願力分と釋迦勸誡分の前後二篇に分つことができよう。即ち前篇の彌陀願力分とは、無量壽佛がまだ菩薩として淨土建設のための修行をしておられる間の狀態と、その修行を達成して得られた淨土の有樣を詳說したものであり、釋迦勸誡分とは、釋尊が衆生を無量壽佛の國土に往生せしめんがための懇切なる諭しである。

前篇の彌陀願力分は更に、法藏菩薩が衆生を救はんとする發願とそのための修行を說明した第一章と、その發願が成就して、無量壽佛としての佛果を得られ、それが圓滿具足した狀態を說明した第二章とに分つことができる。

その第一章は更にまた發願の由來を述べた第一節と修行の有樣を述べた第二節に分けられるし、第二章は無量壽佛の淨土の莊嚴きはまりなき有樣を說いた第一節と、衆生がそこに往生することの因果を說いた第二節とに分けることができる。

また後篇の釋迦勸誡分は、現世の迷妄を指摘して諭された第一章と、敎法を信ずる者と疑ふ者との得失を明らかにして諭された第二章、さらに一切衆生は悉く往生することを說いて諭された第三章とに分つことができよう。

以上のやうな分疏にしたがひ、その各項目に就いて述べるなら概略次の如くである。

前篇　第一章　一節

「想像も及ばぬ悠遠の昔、錠光佛といはれる佛が世に出られて以來、五十三の佛がこの世界に生れて衆生を教化救済されて入滅し給ふたが、その後、世自在王佛といふ佛が世に出られて法を說かれた。

その時、一人の王が、その說法を聞いて大菩提心を起し、國土と王位を捨てて出家して法藏と號した。法藏は衆生を救はんとする大志願を起し、世自在王佛に頌《じゅ》を以てその心中を披瀝して指導を請ふた。

世自在王佛は法藏比丘の志を賞でて、これを激勵し、十方世界のあらゆる佛土に就いてその優劣を詳述された。そこで法藏比丘は不動の決意と周到の用意とをもつて、あらゆる世界を遍歷したのち、五劫の長い間、思ひを凝らし想を練り、淨土建設といふ空前絶後の大願を起し、これを世界に向つて宣明するにいたつた。その大願に四十八願ある」

この法藏比丘發願のくだりはまさにこの經典の中核をなすものであり、最も重要な一節と思はれるので些か愚見を述べる。

灯ともし皿に點ずる光のやうな錠光佛といふ佛が最初に世に出られて以來、過去五十三佛を數へる説き出しは、まことに壮重幽玄なおもむきのある表現といはねばならぬ。五十三佛の名號が列記してあるのは、一見していささか煩瑣な感じがするが、よく見て行くとその一つ一つが佛の德を表はした象徵であることが分る。

しかもこの五十三佛から世自在王佛を經て法藏菩薩が出現したといふ事は、淨土建設といふやうな大業は、一日にして偶然に成るのではなく、悠遠の太古から無數の佛のはかり知れぬ求道の結實である事を暗示してゐる。

また法藏比丘が世自在王佛の許に赴いて、その德を讃へる四言八十句の頌は古來「嘆佛偈」として淨土宗、眞宗などで勤行に讀誦され、有名なものであるが、その內容は要するに一切菩薩の行願ともいふべき六度、四弘誓願の精神を強調したものと考へてよからう。

六度とは布施、持戒、忍辱、精進、禪定、智慧（般若）など六種の修行のこと、四弘誓願は「衆生は無邊なりとも誓つて度せんと願ふ。煩惱は無盡なりとも誓つて斷ぜんと願ふ。法門は無量なりとも誓つて知らんと願ふ。佛道は無上なりとも誓つて證せんと願ふ」といふ菩薩の所謂「上求菩提、下化衆生」の通願である。

しかもこの偈の結びとして「この願のみたされるまでは假令この身は如何なる苦患を受けるとも、飽くまで道を求めて悔ゆるところはありませぬ」といふ證誓の一段は何人も胸うたれずにはおられぬであらう。

世自在王佛はこの法藏の發願に對して「汝の願は宛も大海の水を一人で汲みつくさうとするやうなものであるが、求めてやまぬ者の前に叶はぬことはない」と激勵されてゐるのもまた意味ふかい。

かくて法藏比丘は五劫といふ長い間、想を練つて選擇した擧句、再び世自在王佛の許にいたり、その四十八願を宣明するのであるが、その願の一つ一つはみな「若しかくならずば、自分は佛とならぬ」といふ絶對の誓として述べられてゐるのである。

つまりこの世にいささかでも惡のある間、衆生が無明《むみやう》の中に苦しんでゐる間は、自分は幾度となく、生れ代り死に代つて衆生とともに苦しみつゝその濟度に努める。唯一人でも救はれぬ者のある間は、決して正覺に入らぬといふ崇高な大悲願なのである。

この四十八の大願も要するに「念佛往生」の第十八願に歸することは昔から諸先聖の一致した見解であり、これが全體の根本、本願と言はれてゐる所以である。前に述べたやうに、佛がこの世に出られた究極の目的は衆生濟度にあるのであり、しかも惡人、凡夫の類こそ先づ第一に救はれねばならぬとするなら、彼等が救はれるのはこの本願を置いては他にない筈である。

法門に通じ、修道を達成した人間だけが救はれるのでは、救濟は特定の選ばれた賢者のみに限られ、一切衆生の救ひとは言ひがたい。

たゞ無量壽佛の名號を唱へさへすれば救はれるといふ事のうちに萬人の救はれる廣い道は開けたのである。この「念佛往生」といふ彌陀の本願に到達して、佛教は實にコペルニカス的な大轉回、大飛躍をしたのだと私は考へ度い。

またこの四十八願の各々がのちに說かれる安樂淨土の有樣とそれぞれ照應するのは當然の事ではなからうか。宛も大建築を見るやうな經典の搖ぎなき構成美はこの一例を以てしても讃嘆の外はない。

前篇　第一章　二節

「法藏比丘は旣に四十八の大願を立てられたあと、それを成就せんために大勇猛心をふるひ起して、菩薩行に從事された。ある時は一意專心、衆生の敎化に努められ、安心を與へ、生死を超えた永遠の生命に生きる道を示された。ある時は富貴の者となつて布施を行ひ、善政を布き、有形無形の惠みを施された。

かくて永劫の長きにわたつて幾度か生を代え、その間ほんの一瞬も懈怠の心を起すことなく、衆生濟度のために力戰奮鬪されたので、その大慈悲心と叡智の大光明とは自然に具はり、まさに佛果を成就せんとするにいたつた」

このくだりは法藏菩薩の永劫の修行を説いたものだが、その修行によつて德を積まれた結果をそのまゝ衆生のものたらしめるといふ「廻向《ゑかう》」の精神が説かれてゐること、また菩薩の修行される心境たるや「空、無相、無願」の三三昧であるといふ事は注意すべき事だと思ふ。この三三昧とは一切萬物は定まれる自性《じしやう》なしと觀じ、あらゆる差別の相を離れ、願求の思ひを超えた何ものにも捉はれざる心境であつて、つまり目前の事物に捉はれず、「永遠の相に於て」する修行を意味してゐるのである。

したがつてこの修行は結果の直ぐ目に見えて現はれるやうな安つぽいものでなく、かの大願に照應して、生れ代り死に代り、あらゆる者に生を代えてする永劫かけての大事業なのである。

前篇　第二章　一節

「佛となるための大願と永劫にわたる修行の結果、法藏菩薩はつひに成佛され、この世を去る西方、十萬億土の彼方に、廣大無邊の淨土を建設し、現にその淨土にましましてその名號を無量壽佛（阿彌陀佛）と言はれる。この無量壽佛は他の諸佛の及ばぬ光明無量の德を有し、また壽命無量の德を具へておられ、常住不變の佛身を得ておられる。その淨土は安樂國といひ自然の七寶を以て莊嚴を極め、淸淨にして汚れなく、微妙の音樂は空中に響きわたり、寶池は甘露をたゝえ、寶林は池上に連り、十方世界に冠絕した淨土である」

ここにいたつて一經の主題である「無量壽佛」の名が初めて出てくる事に先づ注意せねばならない。この經一部の究極の理はすべてこの「無量壽佛」の名號の中に盡されてゐるのであつて、敎行信證に「佛の本願を說くをこの經の宗とし、その名號を說くをもつて經の體とす」とあるは、最も簡潔にこの經典の本質を言ひ盡したものであらう。

法藏比丘の本願である「念佛往生」もこの「無量壽佛」(阿彌陀佛)といふ名號を得て、「歸命無量壽如來」あるひは「南無阿彌陀佛」としてここに成就するわけである。われわれの卑少なる脆き生存はかくてこの名號を唱へ、阿彌陀佛に歸依することにより、永遠の生命と合致するのである。

この佛の光明無量の德、壽命無量の德、更に常住不變の體に就いては敎學上、難しい「佛身論」の展開されるところであらうが、要約すれば大光明はその用《ゆう》つまりはたらきを現し、その無量壽はその體を現はすものと思はれる。光明によつて象徵されてゐるところのものは佛の智慧と慈悲と禪定であり、壽命によつて象徵されるものは生死の現實を超えた永遠の生命である事はいふをまたない。

佛身論からいふなら無量壽佛は菩薩として修行されてゐた當時、立てた願と業との報ひとして現はれた受樂佛、つまり報身であつて、同時に常住、眞實、普遍、平等を體としてゐるからまた法身とも云へる筈である。

そして次に說かれる莊嚴なる淨土も、すべてこの報身を因として成立つた世界である。淨土は所謂パラダイスではなく、佛の大慈悲心が衆生の念願と相呼應して築き上げた境界なのだと私は考へる。

前篇 第二章 二節

「十方の諸佛はみな無量壽佛の名號の威德を讃嘆し給ふほどであるから、衆生はその名號の威德を聞いてこれを信じ稱《とな》へるなら、一念にしてかの淨土に生れることができ、もはや生死の世界に歸らぬ不退轉の地位に上ることができる。若しこの世界の壽命が盡きてかの淨土に往生した時にはあらゆる迷ひと煩惱を解脫し、十方の世界に遊んで諸佛を供養し、あるひは無上の法門を聞きあるひは衆生を敎化するなど菩薩の地位を得ることができる」

このくだりでは先づ法藏菩薩の大願中、念佛往生に關する第十一、第十七、第十八などの諸願の悉く成就する事が述べられてゐる。

しかもこの念佛往生に對して、自力增上慢の人と雖も淨土を願ふ限り、無量壽佛の方便によつて假の往生を遂げること、また往生を願ふ者に上、中、下の三通りあり、上輩は出家して沙門となり、菩提心を發し、一心に無量壽佛を念ずる人であり、中輩は出家して沙門にこそならぬが、善根を積み、ひたすら無量壽佛を念じ佛を供養する。下輩のものは、出家はもとより善根を積むこともできず、深い譯はわからないながら一心に無量壽佛を念ずるものである。

この三通りの違ひはあるが、何れも臨終に際しては無量壽佛の來迎を得て、淨土に往生する。つまり出家のものと在家のもの、善根を積むと積まぬとに限らず、その名號を念じさえするならば、絕對無條件に淨土へ迎えとるといふ無量壽佛の大慈悲心がここに強調されてゐる。

これこそ佛敎が宗敎として最高の境地にあることを示す肝要な點だと思ふ。

次にこの淨土に往生したものの受けるもろもろの果報が述べられてゐるが、その中でももはや生死の世界へ歸ることのない不退轉の位を占めることが注目される。なぜなら生死の世界にあるものはつねに生から生へと無明の中を流轉し續け永久にとどまることがないからである。

後篇　第一章

「つらつら現世のありさまを見るに財產のあるものはそのために憂慮し、無ければないで苦惱してゐる。ここに愛別離苦を悲しむ聲あれば彼處に不慮の災害に遇つて嘆く叫あり、この世は惡に汚れ苦にみちた穢土といふのほかはない。すべからくこの世界を厭離して、淸淨安樂なる無量壽佛の國土に往生することを願ふべきである。しかしこの世に生存する限りは殺生、偸盜、邪婬、妄語などの五惡を造らずに仁慈、博愛の善事に勵むべし」

これは必ずしも勸善懲惡の方便説ではない。自然必然の理法を明らかにし、それに基く勸誡である。人間はこの因果の理法の下に苦海に浮沈し、無明の世界を流轉し續けてはゐるが、無量壽佛を念ずることによつて、この因果の絆を斷ち切り、この惡循環から脱れることができる。嚴しい必然の法則も、信仰の前には何ものでもない事を說いてゐる。

この五惡を誡める對告衆は彌勒菩薩であるが、佛滅後に釋尊の佛地を補ふことになつてゐる彌勒も、ここでは一介の凡夫の如く見做されてゐることは注意に價する。

後篇　第二章

「釋尊は阿難に起ちて衣服をととのへ、西方に向つて無量壽佛を禮拜すべしと命ぜられた。阿難は仰せに從ひ無量壽佛を禮拜し、目のあたりかの淨土を見んことを願ふた。

その時、無量壽佛は大光明を放つて十方世界を照らし、莊嚴なる淨土の有樣を見せられた。ここに於て釋尊はかの淨土の住民に化生《けしやう》と胎生《たいしやう》の別ある所以を說き給ふた」淨土に往生するものにしてなほ且つ、化生と胎生との區別あることを說いたのはなかなか示唆に富むでゐる。

淨土の住民は業力によつて忽然と七寶蓮華の中に化成するところの化生であるが、なかに現世とおなじ母胎から生れたまゝの姿をしてゐるものがある。これはさかしらで佛の願力に疑ひを懷いてゐるからで、この者は五百年の間、無量壽佛を見ることも、法を聞くことも、聖衆を見ることもできない。これを胎生と名づける。そもそも衆生の往生と佛の願力とは固く結びついてゐるので、自力に執して些かでも佛の願力を疑ふ者には假の往生しかできぬ、と諭されたものである。ここで更に「絕對他力」の信仰が強調されてゐるわけである。

後篇　第三章

「無量壽佛の願力を信じてかの淨土に往生することのできるものは、ただこの世界にあるだけではない、他の世界からもまた無數の菩薩が往生する。十四の佛國から往生するものの數は無量であり、これはほんの概略であつて、その數は晝夜一劫をもつてしても數え盡すことはできない」

これは彌勒菩薩がこの世界から間違ひなく彼の國に往生するものはいくばくあるかと尋ねたの

に對する釋尊の答であるが、列擧された數は譬喩なのであつて、一切衆生の洩れなく往生するさまを象徴的表現によつてかくは述べられたのであらう。

流通分

「無量壽佛の名號の威德を聞き、これを信じて疑はぬものは無上の功德を得るであらう。それ故に假令、この世界の終りが來て、天地が大火に包まれるとも斷じて退かず、佛の名號を信じ稱《とな》へよ。この名號の威德を信奉するものは佛の地位に進むことを得ん。そしてわが亡きあとも汝等は決してこの事に疑惑を起してはならない。やがて 遠い將來には佛法もすたれ亡び、わが精神もすべて忘れ去られる時が來るであらう。しかし、我は汝等を哀れみ、この法を特に長くこの世にとどめることとする」

この說法の終りに釋尊はかく述べられて、この經を彌勒菩薩に託し、後世に傳へられた。

佛敎に「劫《こふ》」といふ言葉がある。本來は量り知れぬ永い時間の事であるが、「倶舍論」卷十二によれば、この世界の生成する期間を成劫《じやうこふ》といひ、それが保たれてゐる期間を住劫、それの破壞する期間を壞劫《ゑこふ》、それの空無なる期間を空劫と名づけてゐる。

そして壞劫の終末期には三種の災危、劫火、劫水、劫風が起つて世界は破壞されると云ひ傳へられてゐる。

現今の世相を見ると、宛も世界はその終末期に近づいたものの如くである。水爆、原爆、戰爭による世界の終末はまさに眼前の事實となつてわれらを脅してゐる。三千年前、印度の聖人達は恰も今日あるを豫期してゐたかの如く、この豫言はあまりにも現實と一致してゐる。そしてこの大破壞は何れ免れ難き世界の宿命なのかも知れない。

かゝる時、この經の末尾に記された「假令、大火の三千大千世界に充滿するとも、必ずまさにこれを過ぎ行きて、この經法を聞け」といふ一文に遇ふのは果して偶然であらうか。私はこの中に現代の世界に對する偉大なる啓示を讀むものである。

無量壽佛の本願に歸一する以外にこの世界を終末の刼火から救ふ道は絕對にないことをこの經文は啓示してゐるのだ。ヨハネの默示錄に於ける如き、いやそれにもまさる天啓を私はこの中に讀むものである。

三　現代語譯に就いて

大無量壽經は果していつ說かれたのであるか？　古代印度の歴史は茫漠として歴史的に重大な

事件の年代を確定する事すらなほ學者の間では論議百出であつて見れば、經典の説時などはもとより詳しく知るを得ない。たゞ諸種の史料を照合してあらましの年代を推定できるだけである。いまの大無量壽經が創作もしくは成文化されたのは、或は釋尊をへだたる幾世紀か後のことであつたかも知れない。しかし、この經典の歴史的な成立年代はともかくとして、傳説によれば觀無量壽經が説かれるよりも以前、釋尊入滅のときより十年ほども前のことであつたらうか。

この經典を最初に漢譯したのは西紀百四十八年安息國（現代のイラン）の僧、安世高であり、後漢時代に月支國の僧、支婁迦讖、三國時代に月支國の僧、支謙などによつて譯されてゐるところを見ると、この經典の流布大成された範圍はペルシャ、バクトリヤ、北方印度などの諸地域と考へられ、北傳佛教の産物であることはほゞ確實なやうである。

十九世紀にこの經典の梵本がネパールから發見され、一八九四年マクス・ミユラー、南條兩氏によつて英譯されてゐるが、この梵本の所在もそれを裏付けるかの如くである。

私の底本としたのは、印度の僧、康僧鎧が三國時代、魏に於て譯したといはれる「佛説無量壽經上下二巻」の國譯大藏經中のものである。この經は舒明天皇の十二年（西紀六四〇年）惠隱法師によつて宮中に講じられたが、下つて平安時代の末に法然上人が淨土宗正依の經として選び、その弟子親鸞聖人がとくに淨土眞實の教として重んじて以來、廣く一般に普及して現代にいたつてゐる。

これまで數多くの先聖によつて論ぜられまた現在では現代語譯も少くないこの代表的な佛教經典を、なぜ殊更、私如き門外漢があらためて譯出する必要があるかといふ疑問は當然起ると思ふ。だが本來、衆生濟度の大目的を持つてゐる筈の佛教は、現在あまりに衆生から離れてゐる。經典は今もつて難解な漢語で表はされ、殆ど呪文化し、專門家以外には近づき難いものとなつてゐる。否、むしろそれが難解なるが故に、善男善女の尊信を受けるといふ本末顚倒の傾向さえそこには窺はれるのである。

國譯、現代語譯の經典といつても、多くは漢文の直譯體であり、現代に生活してゐる我々には甚だ親しみ難い。凡愚を救ふための經典が專門家仲間だけに通じる合言葉になつてしまつては無意味なばかりか、何よりも宗祖の本意に戾るであらう。そこでわれわれ凡愚の言葉で、一般大衆の誰にも理解できる現代語の經典がここに要望されたわけである。

もとより學淺く才足らず、ここに譯出したものはその要望に應えること遙かに遠いが、將來に向つての一つの過渡的な試みにだけはなり得るかも知れない。

諸先達の譯業を批判する事は容易だが、自分で着手して見て、經典の如きものの現代語譯が如何に至難の業であるかを身を以て知つた。この巨大な宗教體系に對して、恰も群盲の象を摩するに似たきらひのあるのはやむを得ないにしても、何よりも古人と現代人との間の發想の隔りに到底埋むべくもない困難の伏在してゐるのを知つた。

例へば現代人の用語はすべて分別の上にたつた思想を據り所としてゐるのに、佛教はその分別を超えた立場に立つて說き起して行くからである。從つて經典の語彙の有つてゐる陰影や厚みは到底、現代語によつて現し得べくもなく、やむなく原文通りの語彙を用ひた箇所もしばしばあつた。

譯出にあたつては意譯よりむしろ逐字譯の方法によつた。この經典を傳へるために砂漠を横ぎり、猛獸や瘴癘の危險を冒し、あるひは扁舟に乘つて大海を渡り、硬い版木を削り、あるひは寒夜に獨り起きて墨をすつた幾多先聖の苦難を偲ぶなら、言々句々これ求道心の結實であり、自分だけの淺薄な見識によつて勝手に取捨選擇すべきではないと思つたからである。

そのため經文の中の重複されてゐる言葉、現代人には煩はしく思はれるやうな佛名や、數字や、譬喩の反復をも故意に原文のまゝとどめた。だいたい古代印度では經律などを筆錄することはその神聖を害するものとして許されず、教法はすべて口傳によつたから、記憶に資するために、このやうな反復が必要だつたので、それを筆錄するといささか煩雜なきらひがなくもないが、書かれた經ではなく、却つて說かれた教としての蒼古たるおもむきが、このやうな形式の中に窺はれるのもおもしろい。

このやうに出來るだけ、經としての原型を崩さず、その壯重幽玄な格調を失はず、しかも平明な現代語譯を志したのだが、何分にも初心の事とて思ふやうには行かず、今後、版を重ねる折もあらば幸に江湖の叱正を待つて改訂を心がけ度い。

譯業に沒頭中、法藏館編集室、堤氏の厚意によつて、荻原雲來氏の梵語からの和譯、河口慧海氏の西藏語からの和譯、またマクス・ミュラー氏の英譯などを參照できたのはこの上もない幸であつた。

これらの諸譯と漢譯とを對照するに、卷頭の、八相成道と菩薩行を讚へる項目及び、下卷の釋迦勸誡分のうち、因果の理法と五惡を誡めるくだりは、漢譯のみにあり、梵本、藏本ともにこれを缺いてゐる。

たしかに一經の構成から言ふなら、むしろこれらのない方がすつきりしてをり、引きしまつた感を與へる。思ふにこれらは中國で後世附加されたものと見るべきで、ことに八相成道の場合など、唐突で續き工合が惡く、また釋迦勸誡分はいかにも中國臭く、大學、中庸などの儒教的な論理が露呈してゐて、この經の蒼古たるおもむきとかなり齟齬してゐる。

また梵本、藏本ともに「三寶に歸命す」なる言葉で始まる讚佛偈が卷頭にあるが、漢譯にはこれがなく、直ちに「如是我聞」と始つてゐる。

マクス・ミュラー氏の英譯も一讀したが、氏の如き言語學、宗教學の碩學をもつてすら、佛典の飜譯などといふ事が、如何に至難の業であるかを知らされた。語學の才を驅使しても絶對に飜譯できぬ言葉があるらしく、それらはすべて原語のまゝ使用してある。

例へばカルパ（劫）とか、パーラミター（波羅蜜）とか、ボーディサットヴァ（菩提薩埵）といふやうな言葉がそれである。

なほ、空を emptiness 無相を causelessness 無願を purposelessness 無上正覺を highest perfect knowledge と譯されてあるのには考へさせられた。

梵語の分らぬ私なので單純に批判はできぬが、漢譯を通じて知る限りの佛教とは大分へだたりがあるのに驚いた次第である。

ともあれ拙譯ながら、古來、これを讀誦すれば禽獸蟲魚まで成佛するといはれたこの無二の經典を、現世の不安に明け暮れ、惱み苦しんでゐる衆生のために捧げ度い。

大無量壽經 卷上

序 分

佛弟子、阿難はかくの如くに聞き謹しんで、後の世に傳へるものである。

ある時、釋迦牟尼佛は一萬二千人の弟子達とともに、中印度マガダ國の都、王舍城の東北にあたる丘の上におられた。そこは靈鷲山といひ、都塵を離れた聖域であり、佛弟子達もまたすべて無礙自在な超人間的なはたらきを兼ね具へた人々ばかりであつた。

その重なる人々の中には佛弟子中、修法第一といはれ、身を持することの類なき廉潔をもつて知られた摩訶迦葉《まかかせう》をはじめとし、智慧第一といはれた舍利弗《しやりほつ》、神通第一の大目犍連《だいもくけんれん》、説法にかけては他に及ぶ者のない満願子《まんがんし》、もと拝火教徒でのちに釋尊の教に歸依した優樓頻贏迦葉《うるびんらかせう》、伽耶迦《がやか》葉《せう》、那提迦葉《なだいかせう》などの三兄弟、また天文暦學に精通してゐることでは類のない劫賓那《こうひんな》などがおつた。

その他、了本際《れうほんざい》、正願《しやうがん》、大號《だいごう》、仁賢《にんげん》、離垢《りく》、名聞《みやうもん》、善實《ぜんじつ》、具足《ぐそく》、牛王《ごわう》、大住《だいぢゆう》、大浄志《だいじやうし》、摩訶周那《まかしうな》、

離障《りしやう》、流灌《るかん》、堅伏《けんぷく》、面王《めんわう》、異乘《いじよう》、仁性《にんしやう》、嘉樂《からく》、善來《ぜんらい》などもみなその名の示す通り、一切の迷ひを去り、生死の世界には歸らない最高の悟りを得た賢者達ばかりであつた。

その中には世尊の長子で十五歳で出家し、舍利弗に就いて沙彌となり、密行第一をもつて聞こえた羅云《らうん》も、そして末坐にはまたこの不肖阿難もおつたのである。

そこには更に戒律の末に拘泥することなく、自らの解脱にとどまる事なく、進んで一切衆生を救濟せんとの悠遠な悲心の下に六度、四弘誓を行じてやまない大乘の菩薩達もおられた。

例へば慈悲の權化として延命菩薩ともいはれる普賢《ふげん》、智慧の權化として文殊菩薩ともいはれる妙德、やがて五十六億七千萬年の後、この世界に下つて、釋尊が入滅されたのちの衆生を救濟されるといふ彌勒《みろく》菩薩など、つまりこの世界が存續する間に現はれ給ふ一切の菩薩達や、賢護などこの世界の十六菩薩、また他の世界の菩薩である善思議、信慧、空無、神通華《じんづうけ》、光英《こうあう》、慧上、智幢、寂根、願慧、香象、寶英《ほうあう》、中住、制行、解脱などといふ菩薩達もみなおなじ會坐《えざ》についておられた。

これらの菩薩はみな普賢菩薩の有つておられる慈悲の徳にしたがひ、衆生を救はうとする切なる願により、十方の國々をめぐり歩いて人々を導くため、相手によつて方便を設け、また教法を究めて悟りの道に達し、過去、現在、未來にわたる無量の世界に於て、佛となられる方々なのである。

その成道の有様を示すなら、先づ前生には欲界六天中でも最も惠まれた者の住むといふ第四天の兜率天にあつて、いく久しく正法を弘めておられたのであつた。（實に菩薩行の由來するは一朝一夕に現はれるものではなく、それは悠遠の過去にさかのぼる限りない善因緣の累積によつてもたらされたところのものなのである。）やがて時を待つてそこの天宮を離れ、現世に下つて王妃の胎内に宿られた。その出生にあたつては、右脇より出でて七歩を進み、高らかに聲をあげて「われこの世に於て無上の者と成るべし」と叫ぶ。その時、光明は輝きわたつてあまねく十方を照し、大地はその遙かな際涯まで悅びに震へた。帝釋天や梵天といつたやうな法の守護神、この地上の貴人や智者達も來り集つて、等しく讃仰し、その傍らに奉侍したのである。

やがて長ずるに及び、世のつねの習俗にしたがつて、數理、文學、武藝を修め、あらゆる古典に通じ、仙人の道術にも達した。後園に出で廷臣達と學を爭ひ、武を競ふが、もとより衆にぬきんでゐて誰一人およぶ者はない。後宮にあつてはまた華かな長夜の宴に、青春の哀歡を織り、愛欲煩惱の海に沈みもされたのである。

だがひとたび人の世の生老病死苦のありさまを見ては、形あるものの常ならずして賴みがたいのを悟り、國土、財寶、地位の一切を捨てて、生死を超えた道を學ばうとせられた。宮門を出ると、そこまで自ら乘つて來られた白馬、身につけた寶冠と瓔珞、禮服等のすべて從者に渡して歸らせ、錦繍の衣の代りに粗末な法衣をまとつて山に入られた。剃髮して樹下に端坐し、戒律を守つて苦行に耐える事六年の久しきに及んだのである。

かくてその曉、五濁の世の習ひにしたがひ、尼連禪河の流れに浴して身を清められたが、烈しい修道の疲れで身體は痩せ衰ひ、足許もおぼつかないほどである。その時、天人達は樹の枝を撓めてそれをさしのべ、やつと岸に上るのをお助けした。靈鳥は美妙な聲で啼きながら、菩薩を慰めんとしてその寂しき邊を飛びちがひ、牧童は菩提樹の下に草を敷きつめていたわりの心を捧げた。菩薩は今や、大磐石《ばんじやく》の如くその上に寂然と坐り、大光明の如き精神力を振つて、修道の妨げとなる一切の魔、卽ち煩惱を內觀された。魔王波旬《はじゆん》は一族を率ひてその場に現はれ、あらゆる妖相をみせて劇しく迫り試みたが、菩薩は金剛の如き明智をもつてこれを降し、世に類ひない深奧な理を體得して無上の正覺に入られた。

かくて佛と成られた菩薩は、佛法護持の神々、帝釋天、梵天などの心服して來り、投じ、その勸めによつて、體得された無上道を衆生のために說くべく起ち上り、國々を遊歷された。それは何人にも分り易く靜かにものやはらかな調子で說かれた敎ではあつたが、それだけに五欲に捉はれてゐる人々にとつては晴天の霹靂だつた。現世の一切を價値なきものと見做し、ひたすら彼岸の成道を説くその教は、衆生の心に巣食ふ惡魔を震撼させずにはおかなかつた。佛菩薩の説法が魔軍を折伏して行くありさまは、宛も轉輪聖王の軍勢が戰車をうちならべて、その車輪の下に敵軍を蹂躙して行く、その勢にも譬へることができよう。軍鼓は高らかに鳴り、喇叭は嚠喨と響き、劍の衾を作り、幢《はた》をひるがへしながら法の軍勢は魔軍を撃ち破つたのである。それはまた干天に突如として雷鳴《いかづち》り、電光《いなづま》閃き、驟雨いたつて草木をうるほすにも似てゐる。かくて佛の説法は衆生の迷夢を覺まして、法の光は無量の國土を照らし、法の聲は三千大千世界に轟きわたる。惡魔の本城はために震動し、魔群は怖れ戰いて悉く慴伏した。

菩薩はまた人々の邪見の網を引き裂き、外道の詭辯による理論體系をば打ちひしいだ。煩惱の塵を拂い愛欲の泥濘を攘ち去つて法城を護り、その門を萬人の前に開け放つた。かくして世の濁りに染んだ人々の心からその汚れと垢とを洗ひ去つて、本來の輝きを現はし、正しい教法を世に弘められたのである。

菩薩は時に人里に入り、巷にたつて食を乞ひ喜捨を受けられたが、それは世の人々に慈悲心を起させ、布施の功德を教えんがためである。また常に微笑を湛へて道を説き、人々の受ける身心の苦惱を療やし、それを方便として菩提を求める志を起さしめ、おなじ道を歩む菩薩に何時いかにして佛と成るであらうと豫告して、その修法を勵まされもしたのである。

やがて菩薩はつひに涅槃に入られるのであるが、それはもとより假の入滅なのであつて、常人の考へるが如き「死」を意味しはしない。それは假令、肉體の死ではあつても、法身としての佛は常住であり、そこに生死の差別のあらう筈はない。恰もそれは雲に蔽はれた眞如《しんによ》の月の如きものであつて、その光は常に不變であるが、たゞ一時死の影に閉されるに過ぎない。そして佛が常住であると知るならおそらく懈怠の心を起すであらう衆生に、むしろ涅槃そのものが道心を起させる機緣となるのである。かくて菩薩はその生涯のあらゆる場合に、ほんの些細な機會をも逃す事なく、衆生の教化のために盡されたことは、凡そはかり知れないものがある。

菩薩道

菩薩たるものはつねに廣く十方諸佛の世界を遍歴して、もろもろの師佛より法を聞き、また衆生を教化する事を怠らない。その行は清淨で微塵の汚れもないが、その救ふべき相手の境遇や性格、教養の如何によつて、それ相應の方便を用ひる。それは恰も奇術師が觀客の前に幻を現して、それを男の像にも女の姿にも自由自在に變へるやうに、形式や格式に拘泥せず、融通無礙な教化を行ふ。しかもその方便に禍されて本心の正覺を失ふことは決してない。この靈鷲山《りやうじゆせん》に集られた菩薩方もみな同じことで、諸佛から法を學ぶにもたゞそれを記憶するにとどまらず、その實際に就いて精通するやう心がけるから、自信をもつて、教化にあたり、遂にそれを全うするのである。しかも決して慢心を起して放恣に流れることなく、常に一切衆生になり代つて苦悩し、心を傷めつつ、あらゆる國土に現じて寸時も身を休めることはない。菩薩道を示す大乘の教義は悉くこれを究めつくし、その名聲はあまねく世に聞こえて、おのずと衆生を導き、諸佛もまたこれを嘉《よみ》したまいてよそながら加護せられるのである。

佛のおられる境地に、この菩薩方も、既に達することができ、佛の願ひとされる濟度の理想をもまた懷いておられる。そこで至尊の教法をいよいよ弘め、初心の菩薩のためには導師となつてこれを援け、禪定と智慧とをもつて衆生を啓發するのである。またよく萬有の實相に通じ、一切衆生の本性を見究め、あらゆる國土の事情に通じ、いかなる時間と空間との中にも電光の如くその身を現して諸佛に事へる。何ものを前にしても畏れたじろぐことなく、一切萬物は因緣によつて生滅する幻であることを明らかにし、外道の詭計と誘惑とを打ち破つて、煩悩の絆《きずな》から衆生を解放するのである。

菩薩はむろん自己の解脱をもつて足れりとする聲聞や、佛の教によらずして自ら悟り、徒らに寂靜な孤獨を好む緣覺などといはれる人々の小乘的な立場を超え、空、無相、無願の三三昧、（一切萬物には定まれる體もなく相もなく、またそれを疑ふわが心もないとする境地）を體得してゐるのではあるが、衆生濟度の方便のためには時に應じて聲聞や緣覺の立場をもとり、かゝるものとして假りに入滅も示されるのである。しかもそれにとらはれることなく、菩薩行は本來、なすべき修行も求むべき佛果もない、起すべき善も滅すべき惡もないといふ、空の理を會得されたのである。

またこれらの菩薩は限りない記憶力と、精神集中力及び一切衆生の資質をわきまへる智慧を兼ね具へ、それらを成就して敎法の奥義に達し、菩薩の最高の境地たる「三界唯一心」を悟る華嚴三昧（自己內界に輝きわたる莊嚴無比なる大光明の世界）に住して一切の經典を衆生のために說くのである。またふかい禪定の中にあつて、目の當り無量の諸佛を見、ほんの一瞬の念慮の中にそれら諸佛の國土をあまねくめぐることができるのである。

菩薩はまた地獄の責苦にさいなまれてゐるもの、飢渴に苦しんでゐるもの、畜生道に墮落して互に爭ひ傷け合つてゐるもの、惡業を作らずに閑暇を得て法を聽く事のできるもの、迷ひ多く不安な生活をして法を聽く暇もないものなど、その何れにも萬遍なく救ひの手を差しのべる。しかも一時の慰めやその場限りの救ひを事とするのではなく、眞實の相を明らかにして、これを顯示し、人々の心を打たずにはおかない優れた辯舌の才をもつて、あらゆる國語と方言とを淀みなく驅使しながら衆生を敎化向上させるのである。もとより菩薩はこのうつろひ行く迷界のあらゆる事象を超越し、その心はつねに衆生濟度の念願に捧げつくしておられるから、何ものにも捉はれるといふ事はなく、すべては思ひのまゝに自在である。

衆生のためにはそれが誰であらうと、頼られずとも自ら進んで無二の友となり、衆生の罪の負目をその者になり代つて一身に背負はれる。教法を護持してそれが絶えないやうに、それを受けつぐ人々を育てもされるのである。

このやうにこれ等の菩薩が大慈悲の心を起して衆生をあはれみ、情けの言葉をかけて救濟を約束し、眞如を見る眼を授けて迷ひから覺めさせ、三悪道（地獄、餓鬼、畜生）に落ちる事を防いで、悟りへの門戸を開き、求められずして衆生に法を施す事は恰も、至孝の子の父母に事へるやうに自然である。菩薩が衆生を見ることは恰も自己の如くであり、その救濟には些かの私心なく、すべては衆生をして彼岸に到達せしめんがためである。諸佛のはかり知れぬ尊い能力を身につけ、その智慧の聖明なることは想像だに及ばぬものがある。

以上述べたやうな菩薩方が、數限りないほどそのとき靈鷲山に來會されたのである。

既に上には師主たる世尊あり、その説示を待つ諸菩薩と衆生あり、師主と佛弟子との間には限りなき信頼と愛情とが行きわたつてゐる。しかもそこは塵埃を絶した聖域、靈鷲山であり、あだかも釋尊が涅槃に入られる時が近づいたその晩年にあたつてゐる。かくして今や聞、信、時、主、處、衆の六事は成就し、最高の法を説くべき機はここに熟した。

その時、世尊、釋迦牟尼佛は滿身にふかい悦びを表はされ、その容姿の淸らかに美しく、お顔の氣高くおごそかな事は、恰も雲を戴く高峰の如くであつた。そこで不肖、阿難は世尊の御心を拜察し、坐より起ち、右肩を脱ぎ兩膝を地につけ、合掌しつゝ、佛に向つてかく申し上げた。

「今日、世尊の御姿を拜しまするに、その御姿は淸淨であり、そのお顔は氣高いことは恰も明鏡の前に立ち、その透徹した光に接するやうな思ひがいたします。そのおごそかな御樣子は輝くが如く、あらゆるものに超絕しておられるかにお見受けいたします。このやうな類なきすぐれたお姿には未だ嘗つて接したことはありませぬ。必ずや世尊は今日、格別な高い境地においでになり、魔界外道を征服する雄者として、また世の常の人々が見ることのできないものを見る活眼を具へた導師として、また最も優れた道にあつて、如來の大慈悲を行じられるものと御見受いたします。過去、現在、未來の佛はみな互に心を通はせ合はれるとか聞いてをりますが、今、世尊もそれらの諸佛と念じ合はれぬことはありますまい。さもなくば、只今、拜する氣高くおごそかなお姿はそも何によるのでございませうか？」

ここにおいて世尊ははじめて口を開き、阿難に對して反問された。

「阿難よ、それは佛法守護の神々が汝に教へて問はしめたのであるか？　それとも汝自らの智慧をもつてそれを問ふのであるか」

「いえ、別に神々が現はれて私にそれをお教へ下さつたなどと申すやうな事はござゐませぬ」と阿難はお答へした。「自分一人の考でそれをお伺ひするのでございます」

「善いかな阿難よ。汝の問ふところは甚だ肯綮にあたつてゐる。汝の言葉には一切衆生の身の上をおもんばかつての、非常に深い智慧の現はれがある」と佛はいたく阿難をお褒めになり、はじめてその眞意を披瀝された。「如來は限りない大慈悲心をもつて、三界にさまよう一切の衆生を哀れむものである。それ故に佛は世に出現して廣く教化を布き、一切衆生を救はんがために眞實無形の利をさとらしめるものである。しかしながら佛の出現に際會するのはまことに千載一遇のことであつて、恰も三千年に一度開くといふ優曇華の花を見るやうにきはめて稀有の事である。いま汝の問ふところは一切の神々と衆生とを啓發し、敎導して、佛道に入らしめる機を作るところの重大の意味を持つてゐる。阿難よ。よく辨へるがいい。佛の正覺は、その智慧はかり難くして衆生を導くこともまたその數を知らぬ。その識見は透徹して何ものにもさえぎられる事なく、また妨げられる事はない。その力は不可思議で、一食もつて永劫の生命を保ち、しかも五體はつねに爽快でいささかも衰へることなく、顏色は氣高くおごそかでいつも輝きを放つてゐる。そはそも何の故であるか？　卽ち佛は限りない禪定と、智慧とによつて、宇宙の萬物と一致し、萬有そのものと一體化してゐるが故に、無礙自在なのである。阿難よ、心の耳をもつて聽け。我はいま汝のために最高の法を說くであらう」

「まことに仰せの如くでございます。世尊よ、私は限りない悅びをもつてそれを承りたいと存じます」と不肖、阿難はお答へしたのである。

正宗分

世尊は阿難に向つて先づ、法藏菩薩（阿彌陀如來）が衆生濟度を發願されたその由來から說き進まれた。

阿難よ、人間の想像も及ばぬ悠遠の昔、「錠光如來」つまり然燈佛《ねんとうぶつ》といはれる、燈明皿に點ずる仄かな光のやうな佛がこの世に出られて衆生を敎化し濟度し、悟りを得せしめて入滅された。次にまた「光遠《こうをん》」といふその名の如く遙かな光にも似た佛が世に出られ、おなじく衆生を濟度して涅槃に入られた。

次に出られた佛を「月光《がつこう》」、次は「栴檀香《せんだんかう》」、次が「善山王《ぜんせんわう》」、次が「須彌天冠《しゆみてんがん》」、次が「須彌等曜」、次が「月色《がっしき》」、次が「正念」、次が「離垢」、次が「無著」、次が「龍天」、次が「夜光」、次が「安明頂」、次が「不動地」、次が「瑠璃《るり》妙華」、次が「瑠璃金色」、次が「金藏」、次が「燄光」、次が「燄根」、次が「地動」、次が「月像」、次が「日音」、次が「解脱華《げだつけ》」、次が「莊嚴光明《しょうごん》」、次が「海覺神通」、次が「水光」、次が「大香」、次が「離塵垢」、次が「捨厭意」、次が「寶燄」、次が「妙頂」、次が「勇立」、次が「功德《くどく》持慧」、次が「蔽日月光」、次が「日月瑠璃光」、次が「無上瑠璃光」、次が「最上首」、次が「菩提華」、次が「月明」、次が「日光」、次が「華色王」、次が「水月光」、次が「除癡瞑」、次が「度蓋行」、次が「淨信」、次が「善宿」、次が「威神」、次が「法慧」、次が「鸞音」、次が「師子音」、次が「龍音」、次が「處世」と名づけられ、みなそれぞれその名號の如き德相を具へておられたが、これら五十三の諸佛もすべて衆生濟度ののち入滅して過去の佛となられた。

その後にまた「世自在王如來」といはれる佛がこの世に出られた。眞如からかたちをあらはし給へるこの如來はまた十の別號をもつて呼ばれ、萬人の供養にふさわしいものの意味で「應供」とも、また諸佛と正覺《さとり》を等しくされるの意味で「等正覺」とも、智慧、修行ともに具足したものの意味で「明行足」とも、迷の世界を超え、再び迷の中に歸らぬものの意味で「善逝」とも、よく世間、出世間のことを知悉しておられる意味で「世間解」とも、人天に於てこの上もなく優れたものの意味で「無上士」とも、衆生を教導し煩惱をおさへととのへて、戒律を守らしめるものの意味で「調御丈夫」とも、神々と人との師であることの意味で「天人師」とも、覺者の意味で「佛」とも、世間で最も尊ばれるものの意味で「世尊」とも呼ばれるのである。

その時、一人の國王があつて、この世自在王如來の説法を聞くやふかく感動し、無上の正覺《さとり》を得ようとの大願を起して、國土も王位も捨てて沙門となり、法藏とよばれた。法藏はもともと高邁の志を有ち、才智、勇氣ともに衆にすぐれ、世にならびない人であつたが、ある時、世自在王如來の許に赴き、佛の足下に額づき、三たび佛の周圍をめぐつて禮拜、合掌し、頌《じゅ》（詩句）をもつて次のやうに佛を讃えた。

佛顔の氣高さ、そのおごそかさ
世にまさるものもなし
かゝる光明をば何に類《たぐ》へん
日月の光りも、如意寶珠の輝きも
その大光明に蔽はれて、墨の如く昏《くら》し
如來の容顔は靈峰にも譬ふべきか

正覺《さとり》の大音は獅子吼にもなぞらへん
布施と持戒と忍辱《にんにく》と
精進、禪定、智慧を修し
その威德は世に雙《なら》ぶものなし

諸佛の廣き法の海も
その涯底を究め
無明と欲と怒りの三毒も
世尊をばつひに害《そこな》うことなし

まことに世尊は心の王者にして
その德は量り知れず
その衆生濟度の業は廣大
その智慧は深奥
その精神の大光明は三千世界に輝きわたる

願はくば我また佛となりて
聖王たる世尊とおなじく
生死《まよひ》の海を超え、この上もなき解脱《さとり》にいたらん
六度を修めて最も勝れたるものなり
禪定と智慧とを得て、これを重ぜん

われまた正覺《さとり》を得るまでは
あまねくこの行願を修し終えて
一切衆生の懼れを除き
大安心を得せしめん
假令《たとひ》、恆河の砂の如き無量の佛を
恭敬して悉く供養せんも
道を求めて退かざるに如かじ

われまた佛となるからには
見えざる光りもてあまねく無數の國土を照し
修道につとめて、無量の功德を積み
わが作るところの淨土をして
十方世界中、第一のものたらしめん
その衆生はすぐれて心うるはしく
その成道の場《には》は清淨にして汚れなく
國土は寂靜にして較ぶるものとてない
われは慈悲をもて衆生を解脫せしめ
十方よりわれに來るものは歡び迎へ
すでにわが國土に到らば
無上の安樂を與へん

願はくば師佛よ
わが志を信ぜよ

これこそわが眞實內奥の願ひである
この發願にしたがひ
われは今より力を盡して精進せんとす
また智慧無礙《むげ》なる十方の諸佛よ
願はくばつねにわが願行を見まもり給へ
この願の成就せん曉まで
假令、われ如何なる苦患に身を置くとも
進んで耐え忍びづひに悔ゆることなからん

佛は阿難に告げて更に法藏比丘の話を續けられた。

修道者、法藏はこの頌を說き終ると世自在王佛に向つて懇願した。

「まことに世尊よ、私は唯今、無上の正覺《さとり》を得んとの大願を發したのでありますが、何卒、わがために親しく示教を垂れ給はんことを。私は今より修業にいそしんで、諸佛淨土の有様を知り、その清淨莊嚴なる一切のものを攝取して、わが國土を築き、正覺を成就して、速に一切衆生の生死の苦を除こうとするものであります」

その時、『世自在王佛は法藏比丘にこう仰せられたと言ふことじや』と釋尊は阿難に告げられた。

「そのやうな事は汝自ら知るべきである」

しかも法藏比丘は重ねて懇願した。

「恐れながら、この事はあまりに深遠、重大であつて到底、私如き凡愚のよく知るところではございませぬ。師佛の教へを仰がすには何一つ分りかねます。何卒わがために廣く諸佛淨土の成立をお説き下さい。それを承つた上でお教への如く修業し、大願を成就いたし度いと存じます」

世自在王佛はそこではじめて法藏比丘の志の高く、その願の廣く深いことをお認めになり、比丘のために經を說いてかく仰せられた。

「それは譬へば大海の水を一人で桝で汲み取つて量らうとするやうなもので不可能に近い。しかし幾百千劫が間、つねにたゆむことなく續けるならば、やがてはそれをも汲み盡し、海底の寶を手に入れることができよう。道を求めてやまざるものの前にはおよそ叶はぬといふ事はない」

そして世自在王佛は直ちに二百十一億といふあらゆる諸佛の國々に就いて、その構造の精粗とともに、そこに住む天人達の行の優劣を說き聞かせ、更に法藏の願に應じて、一々それを目のあたり見せられた。

かくて法藏は師佛が說くところの諸佛の淨土に就いて聞き、その莊嚴の有樣を悉く現前のものとして見た上で、ここに曾つて如何なる佛も起された事のない無上、殊勝の大願を發した。法藏はしかもそのために狹少な考に執着しとどまる事なく、その心は飽くまでも靜かに澄み切つてゐて、何ものにも拘泥するところがない。それは世に類ない遠大な構想であつて、五劫の永きにわたつて瞑想と考察選擇とを續けた末、終にその無量の佛土から、あらゆるすぐれた條件、一切の不可缺な條件をとり入れ、淨土建設の資としたのである。

その時、不肖阿難はふと疑問に捉へられ、その間に世自在王佛が入滅されてはとの懸念からして「それでは世自在王佛の御壽命はいかほどでございませうか」とお尋ねしたところ、釋尊は、「その御佛の壽命は四十二劫である」と答へられた。

かくて法藏は二百十一億の佛土にわたつてその淸淨の行を學びとり、改めて師佛の許に赴いてその前に額づき、その周圍を三度めぐつて禮拜合掌しながら申上げた。

「世尊よ、私は旣に御力によりまして、類ある淨土のすぐれた點を學ぶにいたりました」

「宜しい。時機は到來した。今こそ汝はその誓願を十方に向つて宣明すべきである」と世自在王佛は法藏比丘を勵された。「一切衆生も汝の發願を聞くならば、求道の心を起し、悅びにくれるであらう。またもろもろの菩薩達もこれを聞くならばいよいよ修道につとめ、これを緣として、無上の大願を成就するにいたるであらう」

「では何卒お聴き下さい。私は今、發願の通り一々それをつまびらかに説くでありませう」

と法藏比丘は師佛の勸めにしたがひその誓願の一つ一つを、十方の世界に向つて宣明することとなつた。

四十八願

一、無三惡趣の願

もし私が佛となるならば、國中に衆生がその業によつて作るところの地獄、餓鬼、畜生の三惡道がある限り正覺《さとり》に入らぬ。

二、不更惡趣《ふきやうあくしゆ》の願

もし私が佛と成るならば、國中の人々が命終つてのち、再び三惡道に還るやうならば正覺に入らぬ。

三、悉皆金色の願

もし私が佛と成るならば、國中の人々が金色の如く輝く美しい身體を得なければ正覺に入らぬ。

四、無有好醜の願

もし私が佛と成るならば、國中の人々の容貌形姿に差別なく、眉目美はしいものと醜いものとの別がないようでなければ正覺に入らぬ。

五、宿命《しゆくみやう》智通の願

もし私が佛と成るならば、國中の人々が自らの前世の約束、のみならず少くとも百千億劫にもわたる悠久の過去世の事まで知るにいたらない限り正覺に入らぬ。

六、天眼《てんげん》智通の願

もし私が佛と成るならば、國中の人々が遠きものや隱れたるものをも見得る天眼を得て、少くとも十方の無量なる諸佛の國土を見るにいたらざる限りは正覺に入らぬ。

七、天耳智通の願

もし私が佛と成るならば、國中の人々が遙かなる音聲や、幽かなもの音をも聞き得る天耳を得て、少くとも十方の無量なる諸佛の聲を聞きその說法を會得するにいたらざる限りは正覺に入らぬ。

八、他心智通の願

もし私が佛と成るならば、國中の人々が互に他の人々と心を通はし合ふ事のできる力を得て、少くとも十方無量の諸佛の國土に住む衆生の心を汲むにいたらざる限り、正覺に入らぬ。

九、神足智通の願

もし私が佛と成るならば、國中の人々が思ひ通りにいかなる所へも行く力を得て、少くとも一瞬の間に十方無量の諸佛の國土を通過する事ができない限り正覺に入らぬ。

十、漏盡《ろじん》智通の願

もし私が佛と成るならば、國中の人々がいろいろ思ひ惑ひ不安に驅られ、身命を惜んでそのために苦しむ事のある限り正覺に入らぬ。

十一、必至滅度の願〔住正定聚の願〕

もし私が佛と成るならば、國中の人々が必ず佛となると定められた境地に安住し、命終つてのちすべてみな涅槃に入るのでなければ正覺に入らぬ。

十二、光明無量の願

もし私が佛と成るならば、わが智慧の光は限りなく迷妄の闇を破つて、ものの實相を明らかにし、少くとも無量諸佛の國土をくまなく照さない限り正覺に入らぬ。

十三、壽命無量の願

もし私が佛と成るならば、わが命に限りなく、少くとも百千億劫の長きに及ぶのでなければ正覺に入らぬ。

十四、聲聞《しやうもん》無數の願
もし私が佛と成るならば、國中の佛弟子の數に限りなく、少くとも三千大千世界の佛弟子及び修道者の數を百千劫の長きにわたつて計算し、それが數へ切れるやうなら正覺に入らぬ。
十五、眷族《けんぞく》長壽の願
もし私が佛と成るならば、國中の人々の壽命を自分とおなじく永遠のものとしよう。しかしその人々に衆生濟度の志があつて、方便のため壽命の長短を望むものはこの限りではないが、しからざる限り正覺に入らぬ。
十六、離譏嫌名の願
もし私が佛と成るならば、國中の人々に不善の行ある場合は勿論、不善の行ありとの風評だにあらば正覺に入らぬ。
十七、諸佛稱揚の願〔諸佛稱名の願〕
もし私が佛と成るならば、十方世界の無量の諸佛が一人のこらず感嘆して、わが名號を讃へるのでなければ正覺に入らぬ。
十八、念佛往生の願（本願）〔至心信樂の願〕
もし私が佛と成るならば、十方世界の衆生が、心から私に歸依して、わが淨土に生れ度いと思ひ、その數の多少を問はずせめて十たびでも念佛をとなへるとき、たゞ一人でも生れ得ぬもののある限りは正覺《さとり》に入らぬ。たゞ父母を害し、佛弟子を殺し、佛を傷け、教團の和合を破るといふ五逆の重罪を犯した者、また教法を誹謗する者は、さしあたりやむを得ぬことではあるが。

十九、來迎引接《らいかういんぜふ》の願〔至心發願の願〕

もし私が佛と成るならば、十方世界の衆生が自ら發心して、求道に志し、もろもろの德行を修め、本心からわが淨土に生れんと願ふとき、私はその人々の臨終にあたつて佛弟子を伴ひその死の床に現はれ、自分の手で淨土に迎へとつてやらう。しからざる限りは正覺に入らぬ。

二十、係念定生《けねんぢやうしやう》の願〔至心廻向の願〕

もし私が佛と成るならば、十方の衆生がわが名號を聞き、つねにわが淨土を想ひ、もろもろの德を積み、本心から俗を去つて道を求め、わが淨土に生れんと願ふとき、その願ひを成就してやらない限りは正覺に入らぬ。

二一、具足諸相の願

もし私が佛と成るならば、國中の人々にすべてみな三十二通りの秀れた骨相を具へさせぬ限り正覺に入らぬ。

二二、必至補處《ふしよ》の願〔還相廻向の願〕

もし私が佛と成るならば、他の國土のもろもろの菩薩達が、わが國土に生れるとき、その道を究めつくすことによつて菩薩の最高位たる等覺におき、佛の地位を補ふべきものとしよう。尤もその菩薩に衆生濟度の志があつて、教化せんとする願から、弘誓の鎧をもつて心を固め、德を積み、一切の迷ひを離れ、諸佛の國を遍歷して菩薩の行を修め、十方の佛を供養し、恆河の砂にも譬ふべき無數の衆生を教化して、無上道にいたらしめんとする場合は別であるが、何れにしろわが淨土に生れる菩薩は、補處の位に至つてはつねなみのものに超えすぐれて初地乃至第十地の菩薩行の悉くがまどかにあらはれ、衆生濟度に赴いては普賢菩薩の有つてゐる大慈悲を行ふにいたるであらう。若ししからざる場合は正覺に入らぬ。

二三、供養諸佛の願

もし私が佛と成るならば、國中の菩薩をして佛の神通力を得させ、僅か一食をとる間にも、あまねく十方の國土へ赴いて、無量の諸佛を供養するやうにさせよう。しからざる限り正覺に入らぬ。

二四、供具如意の願

もし私が佛と成るならば、國中の菩薩をして諸佛の前に供養を行はせる際、それに必要なものは何でも意のまゝに授けよう。

二五、說一切智の願

もし私が佛と成るならば、國中の菩薩をして衆生濟度のために海の如く廣い智慧をもつて、法を說くやうにする。しからざる限りは正覺に入らぬ。

二六、得金剛身の願

もし私が佛と成るならば、國中の菩薩をしてその身體を金剛の如く堅固に、何ものにも害はれることなく、その働きを那羅延天の如く強く勝れたるものとする。しからざる限り正覺に入らぬ。

二七、萬物嚴淨の願

もし私が佛と成るならば、國中の人々の用ひるあらゆる物が清淨な光を放ち、色彩あざやかで、形すぐれ、その精巧美妙なる事は言葉に言ひつくせないほどであらう。今、たとひ、その人々が意のまゝにあらゆるものを見る事の出來る天眼を得たとするも、それらの物の數と有樣とをそのまゝ言ひ盡すことができたとしたら、私は正覺に入らぬ。

二八、見道場樹の願

もし私が佛と成るならば、國中の菩薩及びたとひ前世に於て積善の少なかつた者ですらも、高さ四百萬里に及んで無量の光を放つ、聖なる菩提樹の影を望み見ることができるであらう。これはやがてそれを見る人々に成道を約束するところのものなのである。しからざる限り私は正覺に入らぬ。

二九、得辯才智の願

もし私が佛に成るならば、國中の菩薩をして經典を讀んでよくそれを記憶、會得せしめ、人々の前にそれを説き明す、淀みない辯舌と才能とを得せしめなければ、私は正覺に入らぬ。

三〇、智辯無窮の願

もし私が佛に成るならば、國中の菩薩の知識や辯舌に無限の力を與へる事ができなければ正覺に入らぬ。

三一、國土清淨の願

もし私が佛と成るならば、その國土が譬へやうもないほど清淨で、十方無量の想像にあまる諸佛の世界を悉く照し見る事、あたかも明鏡に萬物の影を映すが如くあらしめよう。しからざる限り私は正覺に入らぬ。

三二、寶香合成《がふじやう》の願

もし私が佛と成るならば、その國土をして大地より虚空にいたるまでの宮殿、樓閣、池水、花樹などあらゆる物が、みな數知れぬ寶物と百千種の香からできてをり、その莊嚴華麗なる事、人間界のいかなるものにもまさり、その香の薫りは十方世界まで漂ひ流れ、それを聽いたものはすべて修法に勵むようならしめよう。しからざる限り私は正覺に入らぬ。

三三、触光柔軟《そくこうにうなん》の願

もし私が佛と成るならば、十方世界の限りない諸佛の世界の衆生にして、ひとたびわが光をその身に浴びる者は、すべてみな身健やかに心は柔和となり、衆に勝れたものとなるであらう。しからざる限り私は正覺に入らぬ。

三四、聞名得忍《もんみやう》の願

もし私が佛と成るならば、十方世界の限りない諸佛の世界の衆生にして、たまたまわが名號を聞く者あらば、おのづから不生不滅の眞理を悟り、その境地に安住して多くの災厄を脱れることができるであらう。しからざる限り私は正覺に入らぬ。

三五、轉女成男の願〔女人成佛の願〕

もし私が佛と成るならば、十方世界の限りない諸佛の世界の女人にして、たまたまわが名號を聞き、心から歡んで私に歸依し、求道の心を起して、その障害となる女體を厭ふにいたる場合、その女の命終つてのちは男子に生れさせるであらう。しからざる限り私は正覺に入らぬ。

三六、常修梵行の願

もし私が佛と成るならば、十方世界の限りない諸佛の國の菩薩達にして、たまたまわが名號を聞き、わが淨土に生れたものは、必ずや普賢菩薩の如く大慈悲の德行を修して佛と成るであらう。

しからざる場合、私は正覺に入らぬ。

三七、人天致敬の願

もし私が佛と成るならば、十方世界の限りない諸佛の世界の神々や人民達にして、たまたまわが名號を聞き、悅びのあまり地にひれ伏して禮拜し、心から私に歸依して菩薩行を修めんとする者あらば、その周圍の人々、貴いものも賤しきものも擧つて、最高の敬意を捧げるであらう。しからざる場合私は正覺に入らぬ。

三八、衣《え》服《ぶく》隨念の願

もし私が佛と成るならば、國中の人々は衣服を得んとすれば意のまゝに得るであらう。しかも身體に合ひ、法にかなつた服裝がひとりでに與へられてゐて、それを縫つたり洗つたりする必要はいささかもないであらう。しからざる場合、私は正覺に入らぬ。

三九、受樂無染の願

もし私が佛と成るならば、國中の人々が多くの快樂を受けても、煩惱を離れた修道者、つまり阿羅漢の如くそれに執着も耽溺もせぬやうにならない限り正覺に入らぬ。

四〇、見諸佛土の願

もし私が佛と成るならば、國中の菩薩が十方無量の莊嚴な佛土を見ようとする場合、時に應じていつでも寶樹の中に、恰も鏡に映るが如く見せしめるのでなければ正覺に入らぬ。

四一、諸根具足の願

もし私が佛と成るならば、わが淨土以外の國のもろもろの菩薩達の中で、自力をもつて成道に志したものでも、やがてわが名號を聞いて佛果を得るにいたるまでは意のまゝに修行させてやらう。成道を得る資質が具はらず佛果を得るにいたらないならば私も正覺に入らぬ。

四二、住定供佛の願

もし私が佛と成るならば、わが淨土以外の國のもろもろの菩薩達も、わが名號を聞いて悉く煩惱を離れ、清淨な禪定に入るであらう。この禪定を得た菩薩達は一念の間に、無量の諸佛を供養し、しかも寂靜の境を失はぬであらう。しからざる限り私は正覺に入らぬ。

四三、生尊貴家の願

もし私が佛と成るならば、わが淨土以外の國のもろもろの菩薩達も、わが名號を聞けば命終へてのち貴人の家に生れるであらう。しからざる限り私は正覺に入らぬ。

四四、具足德本の願

もし私が佛に成るならば、わが淨土以外の國のもろもろの菩薩達も、わが名號を聞き、歡喜勇躍して、いよいよ衆生濟度に力を盡し、その德行を完璧なものとするであらう。しからざる場合、私は正覺に入らぬ。

四五、住定見佛の願

もし私が佛と成るならば、わが淨土以外の國のもろもろの菩薩達も、わが名號を聞いてみな悉く無量の諸佛を一念の間に見るといふ禪定を得、この禪定にあつて佛と成るまで、つねに想像も及ばぬほど無量の佛を見奉るであらう。しからざる限り私は正覺に入らぬ。

四六、隨意聞法の願

もし私が佛と成るならば、國中の菩薩も、その志にしたがひ、いかなる敎法をも意のままに聞く事ができるであらう。しからざる限り私は正覺に入らぬ。

四七、得不退轉の願

もし私が佛と成るならば、わが淨土以外のもろもろの菩薩達も、わが名號を聞いて再び生死《まよひ》の中に立ち歸えることのないやう不退轉の位を得させよう。しからざる限り私は正覺に入らぬ。

四八、得三法忍の願

もし私が佛と成るならば、わが淨土以外のもろもろの菩薩達も、わが名號を聞くことにより、三法忍にいたるであらう。つまり佛の說法の音聲を聞き安心を得るといふ音響忍《おんかうにん》、自ら思惟をめぐらし諸法の理にしたがひ安心を得るといふ柔順忍《にうじゆんにん》、生滅を離れ直ちに法の理にかなつて安心を得るといふ無生法忍《むしやうぼうにん》の三つである。かくて無上道を求めつゝ決して退かざるの決意を與へよう。しからざる限り私は正覺に入らぬ。

釋迦牟尼佛は不肖、阿難に對してかく語り續けられた。

『その時、法藏比丘はこの四十八の願を宣明したのち、更にそれを美しい詩句に表はして唄つたのである』

われ超世の悲願を發す
必ず無上道にいたらん
この願成らずんば
誓つて正覺《さとり》に入ることなし
われ未來永劫、大施主となり
衆生の貧苦を救はずんば
誓つて正覺に入ることなし
わが成道の曉、人々傳へ聞き

あまねく十方より、我に來らずば
誓つて正覺に入ることなし

煩惱を離れ、禪定と叡智を修し
無上道を求めて、萬世の師とならん
わが慈悲は大光明となりて
無邊際の國土を照らし
衆生の心を洗ひ、その災危を救ひ
智慧の眼《まなこ》を與へ、迷妄の闇を散じ
滅びにいたる道を閉ざし、淨土の門を開かん

わが願みつるとき、榮光は十方に輝き
日月も光を失ひ、星辰も隱る
盡くることなき敎法の德、衆生に頒ち
説き去り説き來つて大獅子吼の如し

無量の佛に道を聴き、一切の德を具へ
願は成り、智慧は達して、三界に雄《おさ》とならん
師佛よ、願はくばわが慈悲と叡智をして
その無礙自在なること御身の如くならしめ給へ

もしこの大願にして成就せば
天地はために感動し、天人は嘉《よみ》し
花の雨は燎爛と虛空より降り注がん

釋迦牟尼佛は不肖、阿難を省みてその時の有樣を次の如く語られた。

『法藏比丘がこの詩を唄ひ終つたとき、恰かもそれに應へるかの如く大地は遙かなる彼方まで鳴動してその瑞相を現はし、天からは妙なる花の雨が降り注いであたりに散り布いた。また何處ともなく妙なる樂の音が響き、空中に聲あつて、〈汝が無上の正覺を得んとすることは旣に定められた〉と叫ぶのが聞こえた』

ここにおいて法藏は、改めてこの大願がかりそめのものでないのを確め、その足らざるところを補つて、より完璧なものとし、心からそれが涅槃に適ふことを念願した。

『阿難よ、かくて法藏比丘は、この世自在王のもとに事《つか》へる敎法の守護神達、魔王や梵天や龍神及びその眷族の夜叉、羅刹などの面前に於て、この大誓願をたて、莊嚴な淨土の建設に專念したのである』と釋迦牟尼佛は語り續けられた。

法藏比丘が志したところの淨土は廣大にして限りなく、あらゆる佛土に勝れて美しく、常に不變不動の姿を保つてゐて、滅びたり、衰えたりする事はない。かゝる淨土を建設するために、法藏は想像も及ばぬ永劫の長時にわたつて、あらゆる菩薩行を積むこととなつた。

その間、法藏は名利を事とせず、怒を發せず、何ものをも害はず、またそのやうな妄想を起すこともなく、感覺や官能の欲に心を奪はれる事なく、あらゆる困難に打ち克ち、いかなる勞苦をも厭はない。無欲恬淡として足るを知り、與へられた分を娯しみ、煩惱に禍ひされる事なく、明鏡の如く澄み切つた心境にあつて叡智の曇ることはない。噓僞《いつはり》や邪惡《よこしま》や諂《へつら》ひの氣持など微塵もなく、終始、温顔を以て人に接し、慈しみを以て語り、つねに相手の意中を察し、求められずして慰めの言葉をかける。

またこのやうな菩薩行のためには、自ら進んで苦難に赴き、身命を惜しまず何ものをも懼れることはない。決して初志を飜さず、皎潔な手段によつて人々に恩惠を施す。つねに教法と、それを具現する佛と、その教團とを敬つて、よく師佛と長老に事へ、智慧と德行とを兼ねそなへて、道の興隆につとめ、しかもそれをわが一身のためにせず、衆生に佛果を得させんがためにする。

法藏はしかもその自己心内の悟りにあつてはつねに、空、無相、無願の三三昧に住してゐるのである。卽ち人及び一切萬物は因緣によつて生じたもので、そこに定まれる體なしと觀ずる空三昧、生滅變化する一切萬物は相對的な有の原理に立つてこそ形相をなしてゐるが、本來かゝる差別なしと觀ずる無相三昧、眞如實相より見れば迷悟一如であつて、そこに願ふべき事もなければ、求むべき道もない。一切はそのまゝの姿で完璧であり、何ら缺けたるところなしと觀じる無願三昧の三つである。かゝる禪定にあつて諦觀するならば、すべては幻化の如くであつて、修道に拘はることもなく、行願に執することも本來はない。たゞ常に妄語と、自らをも傷け他人をも害うやうな輕卒な行爲をつゝしみ、自他ともに向上せしめるやうな言行にいそしむのである。

法藏はかくして國土と王位とを捨て、物欲と俗世間の快樂を離れ、自ら布施、持戒、忍辱、精進、禪定、智慧の六波羅蜜（成道のための六つの行、六度）を修め、また衆人にも教へてそれを行はしめる。そして永劫の限りなき歳月にわたつて、生死をくりかへしながら善事を行ひ、徳を積んだ。

その欲するところにしたがひ、何處の國のいかなる境遇に生れても、限りなき叡智は自づと身に具はり、多くの衆生を教化し安心立命せしめて、無上の正覺につかしむるのである。

あるひは富豪、長者、豪族、貴人となり、あるひは王族、國王、聖帝となり、またあるときは天上界の王や、法の守護神となり、つねに飮食、衣服、寢具、藥湯の四事をもつてあらゆる諸佛を供養し、禮拜する。その功徳は枚擧に暇ないほどである。その德行によつて容姿はつねに端正にして氣品があり、その呼吸は靑蓮のやうにすがすがしく、身體の皮膚は栴檀のやうな品のいい香氣を放ち、その薰はあまねく十方世界に行きわたる。

またその手は常に欲するまゝにいろいろの寶物、施しのための衣服や飮食物、供養のための色とりどりな花や、爽やかな匂のする香、刺繡《ししゆう》した美しい絹の天蓋や、錦の幡《はた》など、あらゆるきらびやかな調度品を必要に應じて取り出すことができ、かゝる神通力においても天人の及ぶところではなく、つひに一切萬物に就いて、自在の境地を會得したのである。

その時、不肖阿難は坐より起つて釋迦牟尼佛にお伺ひした。

「その法藏菩薩は、既に成道せられて涅槃に入られたのでありませうか。それともまだ涅槃に入られず、今なほ修行を續けておられるのでありますか。あるひはまた既に成道せられ現に佛となつておられるのでありますか」

すると釋尊はこれに對して、

「汝の尋ねる法藏菩薩は、既に成佛され、現在ここを去ること西方十萬億土の彼方においでになる。その佛の國土を名づけて安樂淨土といふ」と仰せられた。

「その佛が成道されてこの方、いくばくの時を經ておりますか」

不肖阿難は更に伺ひを立てた。

「成佛されて以來、およそ十劫の時を經ておる。」と釋尊は說き進められた。「その佛の國土は金、銀、瑠璃、珊瑚、白珊瑚、琥珀、瑪瑙など、自然の七寶をもつてその大地を形づくり、廣大無邊であつて、限りなく十方に連つてゐる。しかもその七寶は相互に入り亂れ、それぞれ互に鏤《ちりば》め合つて虹の如く七色に輝き、その輝きがまた相互に映り合ひ、相閃き合ひ交錯して目も眩いばかりに變幻きはまりない世界をくり擴げてゐる。その國土の清淨なること、一塵、一垢のはびこることなく、その莊嚴、華麗のありさまは十方世界のあらゆる國土にまさつてゐる。それらの寶は人間界のいかなる寶石にもまして燦しく、恰も天宮にあるといふ珍寶の如くである。

またその國土には、この國の北方にそびえてゐるあの永劫の雪を頂いた連峰のやうに、旅行く人々の障害となるやうな高山もなく、船人が難船の憂き目に會ふ荒海もなく、河川も渓谷も沼澤や溝もないが、しかもその國の人々が、そのやうな景觀を望むならば、それは忽ち現前して人々の眼を愉ませることができるのである。

そこにはまた地獄、餓鬼、畜生のやうな三惡道の苦しみもなく、突如として身に降りかゝる災厄もない。また季節の推移がないから、暑熱の苦しみも寒冷の憂ひもない。暑からず寒からず、常にほどよい氣候であつて、身心ともに爽快である。……」

その時、不肖阿難はまた衆人になり代つてその疑問を釋迦牟尼佛にお尋ねした。

「世尊よ、仰せの如く若しその國に須彌山のやうな大山がないといたしますならば、その山腹にあると傳へられる四王天や忉利天などの天界は果してどうなるでありませうか」

「では虛空にあると傳へられる夜摩天や色究竟天は支えるものなくてどうなると思ふか」と釋尊は反問された。

「それはその天界に住む人々の德行が優れてゐて、われわれ下界の人間の思ひも及ばぬ神通力を得ておるからだと思はれます」

と不肖阿難はお答えした。

「汝のいふやうにその天界のもの達が、下界の人間の思ひも及ばぬ能力を有つてゐるならば、況してかの佛土に住むもの達がおなじやうな力を有つてゐないといふことがあらうか。佛の世界のことは下界の人間達のさかしらな分別で推しはかる事のできぬものじや。この西方淨土に住む衆生も、積善の功德によつてそのやうな果報を得ておるのである」

と釋尊はおさとしになつたので、不肖阿難はこう申し上げた。

「私は別にお言葉を疑ふのではありませぬが、たゞ將來、俗世間の淺はかな智慧でものを見がちな衆生が、これに對して疑惑を抱くのを豫期し、あらかじめそのやうなさかしらを除こうとしてかくはお訊ねしたのであります」

釋迦牟尼佛は再び不肖阿難にむかひ、旣に成道された法藏菩薩の、凡夫の智慧で測ることの出來ない廣大な威德に就いて語り續けられた。

「法藏菩薩は成道されて無量壽佛と申されるが、この佛の威德の輝きはあらゆる諸佛のそれも遠く及ぶところではない。この佛の光明は百の佛土を照すばかりか千の佛土をも照す。要するに東方の恆河の砂の如き無數の佛土を照すばかりか、南方、西方、北方はもとより、東南、東北、西南、西北の八方とそれに上下をも照らす。あるひはまた身の周圍七尺からはじまつて、十里、二十里、三十里と進み、その距離を二倍三倍して遂に一佛世界を照すにいたるのである。

それ故にこの無量壽佛のみ名をばまた無量の十方世界を照すことの意味において無量光佛とも申上げ、その光の無邊際であることとの意味に於て無邊光佛とも申上げる。その光明が何ものによつても妨げられる事なくいささかも蔭をつくらぬが故に無礙光佛と申上げ、その光明が較べるもののなく唯一絕對のものであるが故に無對光佛とも申上げる。その燃ゆるが如き大光明の故に、燄王光佛、その光の淸淨にして濁りなきが故に淸淨光佛、またその光に觸れるや衆生の歡喜おく能はざるが故に歡喜光佛とも申上げるのである。

更にその光明は本來、智慧の輝きであるが故に智慧光佛、その光の決して絕ゆることなきが故に不斷光佛、その光明の想像に難く、容易に名狀することができぬから難思光佛とも、無稱光佛とも申し上げ、またその光は日月の光にも勝つてゐるから超日月光佛とも申し上げるのである。

衆生がひとたびこの光に浴するならば、その心を灼く貪欲、怒り、愚痴などの焔は消え、心は柔和、身體はすこやかとなつて、悅びきはまりなく、おのづから求道心が涌き起るのである。もし衆生が地獄、餓鬼、畜生の三惡道に墮ちて、火焔と刀槍と流血の大難に遇ひながら、この光明を仰ぐならば、苦惱は忽ち去つて安息を得、命終つてのちは煩惱を離れて、正覺に入ることが出來るのである。

無量壽佛の光明は赫然としてあまねく十方世界に輝きわたり、無量諸佛の國土の隅々まで、その德の聞かれぬところはない。たゞ我のみが今、その光明を稱揚してゐるばかりではなく、一切の諸佛、佛弟子、自力の修道者、もろもろの菩薩もすべてみな一樣に、讃嘆するところなのである。

もし衆生が、この光芒燦たる慈悲と智慧のはたらきを耳にし、日夜、眞心こめて絕えずそれをほめたゝえるならば、その念願するところによつて、この佛の淨土に生れることができ。その國の菩薩佛弟子、衆生からその功德を稱揚される身の上となるであらう。そしてそこで佛道を得て正覺に入るにいたれば、あまねく十方の諸佛や菩薩によつて、現在、我がそれをなす如くその光明を讃嘆されるであらう。

そして釋尊は特に言葉をあらためてこう仰せられた。

「無量壽佛の光明、威德のおごそかに尊く一切に冠絕してゐる事は、假令《たとひ》、晝夜休みなく一劫の間、說き續けても更にそれを盡すことはできぬであらう」

釋尊は更に不肖阿難に向つてこう仰せられた。

「無量壽佛の壽命は長久であつて計り知ることができない。いま假りに十方世界の生きとし生けるものを人間に生れさせ、彼等を悉く佛道に歸依させて、すべてを一緒に會合させ、一人殘らず精神を集中し、全智全能を傾けて百千萬劫の間、この佛の壽命を數えるとしても、それを數へ上げ、その壽命のきはまるところを知る事はできぬ。それのみならず、その淨土に住んでゐる菩薩、佛弟子、天人などの身命もまた同様であつて、計量することはおろか、ものに譬へることすらできぬほどである。そのやうな菩薩や佛弟子がその淨土には言葉に言ひ盡せぬほど無數にをり、その何れもが、神の如き叡智と博識、一切を洞察する眼力とを兼ね具へてゐて、いかなる事も意の如くなる通力を有ち、掌の上に一切の世界を支える事すら出來るのである」

釋迦牟尼佛は續いて不肖、阿難に仰せられた。

「阿難よ、かの無量壽佛が成道した曉、最初の說法の會坐に集つた佛弟子と菩薩の數は數うべくもない。例へばここにおる大目犍蓮の如く、神通を得たものがいま假に百千萬億人もゐるとして、それらの人々が考へも及ばぬ悠久の時の間、少くとも彼等がすべて涅槃に入るまでの間、力を合はせ計算するとしても到底、盡し得るところではない。それは恰も、ある一人の男が一本の髮の毛を裂いて百分し、その一分の毛をもつて大海の水を一滴すくひ取つたぐらいのものである。阿難よ、汝はどう思ふか。その一滴の水を大海のそれに較べて何れが多いと思ふか」

不肖、阿難は釋尊にお應へして申述べた。

「その一滴の水を大海に較べまするに、その多少の比較は暦術をよくするものの數學や、言語辯舌に巧なものの譬などをもつてするも到底知り得るところではありません」

「目蓮等のやうな神通を得たものが、悠久の時間をかけて、かの最初の會坐に連つた菩薩や佛弟子の數を計るとしたところが、知られるところの數はその一滴の如く、知られざるところの數はかの大海の如くであらう」

と釋尊は仰せられた。

國土莊嚴

無量壽佛の國土にはまた七寶から出來たもろもろの美しい樹木が、四邊一めんに繁り合つてゐる。

黄金の樹もあれば、白銀の樹もあり、瑠璃でできた樹もあれば、玻璃でできた樹もある。珊瑚の樹、白珊瑚の樹、碼碯の樹もある。

あるものは二種の寶、あるものは三種の寶からできてをり、またあるものは七種の寶のすべてからできてゐる。

黄金の樹に、白銀の葉と花と果實をつけたものがあるかと思へば、白銀の樹に黄金の葉と花と果實をつけたものがある。あるひは瑠璃の樹に、水晶の葉と花と果實《このみ》をつけたものがあるかと思へば、水晶の樹に瑠璃の葉と花と果實をつけたものもある。あるひはまた珊瑚の樹に碼碯の葉と花と果實をつけたものがあるかと思ふと、碼碯の樹に瑠璃の葉と花と果實をつけたものもある。また白珊瑚の樹に他のもろもろの寶を葉とし、花とし、果實としたものもある。

紫金を根とし、白銀を幹とし、瑠璃を枝とし、水晶を梢とし、珊瑚を葉とし、碼碯を花とし、白珊瑚を果實としたやうな寶樹もあれば、白銀の根、瑠璃の幹、水晶の枝、珊瑚の梢、碼碯の葉、白珊瑚の花、紫金の果實《このみ》といつた風の寶樹もある。

あるひはまた瑠璃を根とし、水晶を幹とし、珊瑚を枝とし、碼碯を梢とし、白珊瑚を葉とし、紫金を花とし、白金を果實《このみ》とした寶樹があるかと思ふと、水晶の根、珊瑚の幹、碼碯の枝、白珊瑚の梢、紫金の葉、白銀の花、瑠璃の果實《このみ》といつたやうな寶樹がある。

さうかと思ふと珊瑚を根とし、碼碯を幹とし、白珊瑚を枝とし、紫金を枝とし、白銀を葉とし、瑠璃を花とし、水晶を果實《このみ》とした寶樹があり、一方にはまた碼碯の根、白珊瑚の幹、紫金の枝、白銀の梢、瑠璃の葉、水晶の花、珊瑚の果實といつた形の寶樹もある。

更にまた白珊瑚を根とし、紫金を幹とし、白銀を枝とし、瑠璃を梢とし、水晶を葉とし、珊瑚を花とし、碼碯を果實とした寶樹など、そこでは七種の寶が、それぞれ根、幹、枝、梢、葉、花、果實と七通りに組合はされて不思議な變樣を織り、光彩陸離たる夢幻境を形成してゐる。

しかしこれらもろもろの寶樹は、並木をなして整然と連なり、幹と幹とは一定の距りをもつて隣り合ひ、その枝ぶりはよく、葉と葉とは均等に配置され、花と花とは調和し、果實と果實とは對應して自然の階調をなしてゐる。

その絢爛、華麗をきはめたありさまは、目も眩いばかりで、清風ひとたび起つてこの寶樹を搖すとき、木々の枝葉は相觸れて五つの幽玄な和音を發し、大自然の美妙な音樂を奏でるのである。

また無量壽佛がその下で成道された菩提樹は、その高さ四百萬里である。その幹の周圍は凡そ二千里で、その枝は二十萬里も四方に擴つてゐる。その大樹は、あらゆる無數の寶物でできてゐるが、なかでも大魚の腦中から出て、よく熱病を療し清涼を與へるといふ月光摩尼といふ寶珠や、持海輪寶などといふ寶物の中の珍寶から出來てゐるのである。

またその大樹の梢をめぐつて珠玉を綴つた瓔珞が垂れ下つてゐるが、その瓔珞は刻々、百千萬もの色合に變じて焰の如く燃え耀き、その美しさは譬へようもないほどである。更にその上には寶石をつらねた羅網が張りめぐらされてあるなど、いかなる莊嚴な美しさも必要に應じていつでもそこに現はれるやうになつてゐる。

微風がおもむろに吹いてその大樹を搖がすとき、その梢は忽ち微妙な樂の音を發し、その音樂はあまねく十方の佛土に流れて行く。その音樂を耳にすると衆生はすべて深い眞理を悟り、些かも動搖せず、安心の境地を得るのである。しかもそれらの衆生はみなその成道の時まで、感官を淸らかに保つことができて、病苦を知らない。

かくてこの菩提樹は、もし衆生が目にその形を見、耳にその響きを聞き、鼻にその香を知り、舌にその味ひを嘗め、身體にその光を浴び、心にそのすべてを念ずるならば、すべてみな、萬物は空であるとともにまた實相であるとの深い悟りを得て、再び生死の中に歸ることのない境地を得るのである、それらの衆生は彼等が成道にいたるまでの長い間、身心ともに淸淨爽快でもろもろの病患苦惱を受けることはない。

阿難よ、無量壽佛の國土の人々で、この菩提樹の姿を仰ぎみるものは音響忍、柔順忍、無生法忍の三法忍を得るであらう。音響忍とは、佛菩薩の音聲に接して、その說法を了解し、俗人の抱く不安と恐怖とを去つて安住することである。また柔順忍とは自ら思惟をめぐらして萬物の平等を觀じ、寂靜の理を知り、その理にしたがつて安住することである。また無生法忍とは、萬物には定まる體なしと觀じ、あらゆる差別と生死を離れ、ただちに法の理にかなつて安住することである。

かの佛土の人々がこのやうな安心の境地を得られるといふのは、これみな無量壽佛の衆生濟度の本願とその威德とによるものである。つまりその本願を明かにし、それを堅固に保ち、それを窮極まで押し進めて成就せずんばやまずとの深い念力によるものである。

釋尊は更にあらためて、不肖阿難に仰せられた。

「この世の王宮にも百千の音樂はあらう。しかしながらそれらは、天上界の伎樂にすらはるかに及ばない。しかもその天上界の萬種の音樂も、この無量壽佛のおられる淨土の七寶樹が發する僅か一種の和音に及ばぬこと遠いものがある。そればかりでなく、この淨土には自然に奏でられる萬種の伎樂があり、それらの音樂はそのまゝ、衆生を敎化する法の聲でないものはない。その曲調たるや、あるひは淸く澄んで高らかに響くかと思へば、あるひは人の心に泌み入るやうに沈んだ調べと變り、あるひはまたおだやかな氣品の高い雅びた旋律を奏でるなど、千變萬化、聞く者をして飽かしめるといふ事はない。まことに十方世界の音聲の中の最も優れたものである。

無量壽佛の國土には、また佛が菩薩や佛弟子のために法を說く講堂や寺院、それらの人々の住む宮殿、樓閣がある。これらはみな自然の莊嚴華麗な七寶からできてゐて、眞珠や摩尼珠のやうな珠玉を織つた羅網が、恰も白露の置いたやうに、その上を覆ふてゐる。

そのやうな伽藍の內外左右には、もろもろの美しい池があつて、その廣さは幾十里、幾百里、幾千萬里といふ風に大小があり、その廣さも深さも形狀も、それぞれ美しく調和がとれてゐる。しかもその池に湛えられた水は八種のすぐれた特色を有つてゐて、澄明であり、淸冷であり、甘美であり、輕軟であり、潤澤であり、呑む者に安らぎを與へ、飢渴をいやし、身體の諸器官を養ふ。それは淸く香高くて、味はひは甘露の如くである。

黃金の池には底に白銀の砂《いさご》があり、白銀の池には黃金の砂がある。水晶の池には底に瑠璃の砂があり、瑠璃の池には水晶の砂がある。珊瑚の池には底に琥珀の砂があり、琥珀の池には珊瑚の砂がある。白珊瑚の池には底に碼碯の砂があり。碼碯の池には白珊瑚の砂がある。また白玉の池には底に紫金の砂があり、紫金の池には白玉の砂がある。このやうにこれらの池は二種の寶、あるひは三種の寶、またあるひは七寶のすべてからできてゐるのである。

それらの池のほとりにはみな栴檀の樹が枝葉を茂らせ、そこから流れる品のよい香氣はあたりにみちみちてをり、池の上には一めんの睡蓮、及び赤蓮、黃蓮、白蓮などが色とりどりに咲き亂れてゐる。

この國の住人である菩薩や佛弟子達が、もしこの池に入つて沐浴しようと思ひ、足だけを水に浸さうと思へば、水は漸く足首を沒するだけの量になり、膝まで浸さうと思へば、膝を沒するほどの水量となる。腰まで浸さうと思へばその欲する通りに水量が增し、頸まで沈まうと思へばそれだけの深さになる。身體を灌《そそが》うと思へば、ひとりでに意の如くなり、水浴が終れば水はまた自然に退いて行く。

池水の温度もまた冷暖思ひ通りになり、つねに適温を保ち、これに浴するときは身心爽快となり、身の垢とともに邪念妄想をもまた洗ひ去るのである。

その水の清澄で淨らかな事は、その形すら見えぬほどで、底の底まで透き通つてをり、寶石でできた池底の砂はくもりなく照り映えてゐる。

漣は時に幽かな波紋を畫いて起り、ゆるやかに池の面をめぐり、美しい小流となつて灌ぎ合ふ。たまたま波立つことあれば、その響は自然の音聲をなし、それを聞くものの心に應じてもろもろの玄妙な意味を告げ知らせるのである。

あるひはそれが佛の聖德をほめたゝえる聲となり、あるひはまた諸法實相を說く法の聲ともなる。あるひは佛法に歸依してむつみあふ大衆すなはち僧伽をあがめる聲となり、煩惱を離れた寂靜の境を說く聲ともなる。ある時はそれが「一切萬物は緣によつて生じたものなるが故に定れる體なく、我もその他のものもすべて空である」と說く無我平等の聲でもあり、さうかと思ふと一切衆生の救濟を念ぜられる菩薩の大慈悲の聲であつたりする。それはまた布施、持戒、忍辱、精進、禪定、智慧の六波羅蜜を說く聲でもあり、眞如に到達した佛のみがあらはす十力を說く聲である。（それは卽ち、理と非理とを知る力、禪定や三昧の深淺を知る力、衆生の能力や性質を知る力、衆生の了解判斷を知る力、衆生の素性や行爲などを知る力、人々がもろもろの世界に赴く行の因果を知る力、過去世の事を追憶し知悉する力、衆生の死期や未來生を知る力、自らの煩惱が盡きて次の生存を受けない事を知る力など十の能力を言ふのである）

それはまた佛の何ものにも屈せず畏れるところなき信念のほどを示す四無所畏を說く聲でもある。卽ち、「一切萬物を覺證せり」との自信、「一切の煩惱を斷ぜり」との自信、「修行の障害となるものは旣にこれを說けり」との自信、「苦界を出離して解脫へ入る道を說けり」といふ自信のこれら四つのそれである。

あるひはまたそれは佛の六つの通力、神足、天眼《てんげん》、天耳《てんに》、他心、宿命、漏盡《ろじん》を說く聲であり、定・慧の二法を說く聲でもある。その音聲の中にはまた「一切のものは因緣によつてなる故に自性無し」と說く無所作の聲、「因緣を離れて存在する常住なものは不生不滅である」と說く不起滅の聲、「淨土に生れるのは無量壽佛の本願が、凡夫の考へてゐるむなしい生とは異る、迷のない涅槃の理にかなつたもの」と考へて安住する無生忍の聲などが聞かれるのである。

それはまたつまるところ今や正覺に入らんとする菩薩に、佛が大海の水を頂に灌いで儀式を行ふときの聲でもあるのだ。

このやうな多種多様な聲が、それを聞くものの心に應じて、この佛土の池の波の音に聞かれる。衆生はそれを聞いてこの上もなく歡喜し、心の汚れを洗ひ、欲を離れて解脫に赴き、佛法僧の三寶を敬ひ、佛の十力と四無所畏と、念力と大悲を頼みまいらせ、通力と智慧とを得て菩薩や佛弟子の修道にしたがふのである。

そこにはもはや地獄、餓鬼、畜生などといふ三惡道の苦しみは些かもなく、たゞ濁りない愉悦と快樂の聲のみが聞かれる。それ故にその國土を名づけて安樂淨土といふのである。

阿難よ、その淨土に生れるものはすべて、このやうな清淨な身體とともに、美妙な音聲ともろもろの通力を兼ね具へてゐる。

人々が住むところの宮殿、衣服、食物をはじめ、いろいろの美しい飾り物、調度の品や器具などもすべて天人の住む國のそれとおなじく、自然に具はつた最も勝れたものである。

そこで食事をしようと思ふときは、七寶の食器がひとりでに前に現はれる。その器の種類も金、銀、瑠璃、珊瑚、白珊瑚、碼碯、琥珀、あるひは珠玉と人々の欲するがまゝである。それには山海の珍味が盛られ、それが思ひのまゝいかほどでも人々の前に供される。しかし誰もそれを實際に食べるものはなく、たゞその美しい色を見、その香を樂しむだけで自然に滿足し、身心ともに爽快で、その食物に執着するものはない。食事が終れば食膳はひとりでにかくれ、その時が來ればまた再び現はれるのである。無量壽佛の淨土はこのやうに淸淨安穩でもろもろの障害なく、無上の愉樂は盡きずにしていささかの不安も思ひ患ふこともなく、何事もなさずしてさながら寂靜な涅槃の境界である。

そこに住むもろもろの菩薩や佛弟子、天人達はすべてすぐれた叡智と通力を具へてゐて、あらゆることを洞察し、他のものの心を汲み、物事の解らぬものはたゞの一人もおらない。誰もがおなじ公明な濁りない心を有つてをり、しかも各自がおなじやうに、優劣のない端正な容貌をかね具えてゐる。

たゞ下界の習慣にしたがつて、天人とか人とか名づけるばかりで、その容貌姿態に何らの差別もあることなく、人間界のあらゆる人々に勝つてゐる。人間の肉體の如く、母の胎内に宿つて生れ、老病死などの變化や衰へを受けることなく、生死を超えて一切の執著を離れた虛無《こむ》と一致し、不滅の身體を受けてゐるのである。

釋迦牟尼佛はその時、阿難に對つてお尋ねになつた。

「阿難よ、もし假りに世間の乞食が帝王の傍らに佇んでゐるとしたならば、この兩者の對照は言語を絶し、乞食の慘めさは言ふに耐えないほどであらうが、おなじ人間に生を受けながら、このやうな懸隔のあるのは、果して何が故であらうか」

不肖阿難はそれにお答えして釋尊に申上げた。

「仰せの如く、そのやうな窮乏した者が帝王のお側に佇んでをるといたしましたなら、その汚穢、醜悪なることはまことに目を蔽はしむるものがありませう。その對照比較は到底、譬へるものもないくらいでございます。この乞食は最も人間界でのどん底の生活をいたしてをり、その着物はぼろぼろに千切れ汚れて肉體を隱すこともできず、食は辛うじて生命を支へるだけしか得ることはできませぬ。つねに飢え凍え、宿るところもなく、巷を彷徨し、人に追ひたてられ、犬に吠へられ、日夜、疲弊困憊《こんぱい》して世間の義理人情をわきまえる餘裕すらありません。

これはそも何の報ひかと申すなら、前世に於て德を養ふことなくて、慈悲の心を有たず、財貨を貯えながら貧しいものに施すことなく、富裕になるにつれていよいよ物惜しみをし、たゞ徒らに財貨を掻き集める一方で散ずることを知りませぬ。貪欲飽くなくして善事を顧ず、他人を陥入れ、僞瞞し、略奪するといふ陋劣な手段を弄してでも、山の如く財貨を積むに努めたからであります。

假令、このやうにして巨大の富を積んだとて、ひとたび生命終ればその財貨を來世に持ち越すことはできず、四散するばかりでございます。刻苦して財産を築きあげ、それを一錢一厘でも失ふまいと思つて懊惱し、盗賊を怖れ、肉親まで疑つて疑心暗鬼に驅られ、倉庫や家の戸じまりを固くして必死となつてこれを守つたところが、結局は何一つとして身につかず、むなしく他人の所有に歸するばかりであります。もとより物欲に凝り固つておりますから、何一つ後生に恃むべき善行徳行を積んではをりません。それ故に死んでのちは三悪道に落ち、いつまでもかような塗炭の苦しみを受けねばならぬのであります。

やがてその罪業が盡きて生れ變る事ができたにしろ、下賤の者として生を受け、愚昧にして野鄙であり、その人格劣等で、辛ふじて人間の仲間入りをするに過ぎないでありませう。

これに反して世の帝王として人々に尊敬されるのは、みな長い過去世に於て、限りない高徳を積んで來たその果報によるのであります。

この人々は慈悲の心ふかくして、廣く貧しいものに施し、他人を憐れみいつくしむ心を有つてゐて、困窮したものを救ひ、つねに信義を守り善行を積んで、他人を裏切り、他人と諍ふやうな事は少しもなかつたのであります。

したがつてこの人々が命を終えた曉には、生前の善行の報ひで、天、人、阿修羅の三善道に昇り、天界に上生して幸福と安樂を得、その積善の餘慶を受けて、人間界に生れる場合には王家の息子、息女となるのであります。生れながらにして高貴な品性が身に具はり、顔貌容姿は端正で氣品があるので、自づから人々に敬はれ、侍《かし》かれ、いかなる美衣美食であらうと意のまゝにならぬといふ事はありません。過去世の果報の及ぶところは先づはこのやうなものでございます」

「汝の言ふところに間違ひはない。すべて今述べた如くである」と釋尊は仰せられた「しかしながら汝の言ふ帝王の如く、人間界で最も高貴であり、容姿の端正なものと雖も、これを正法をもつて世界を統治する轉輪聖王に較べるなら、甚だ卑しく見苦しく、あたかも最前の話の帝王の傍にをる乞食のやうなものであらう。しかも、轉輪聖王の威容のとりわけ勝れてゐることは、たとひ、天下第一だとしたところが、これを忉利《とうり》天の王者、帝釋天に較べるならば醜悪見るに耐えざること果して幾干《いくばく》であらうか。しかし若しこの帝釋天を、更に他化自在天の王者、第六天王に較ぶるなら、その劣れることは言ふも愚かであらう。その第六天王ですら、この無量壽國の菩薩や佛弟子達に較べるなら、その光顔容色の端正高貴なることに於て到底比較にならぬのである」

釋迦牟尼佛は更に不肖阿難に仰せられた。

「無量壽佛の淨土の人々の衣服や飲食物、あるひは花や香のやうな部屋の飾りや樂器、または首飾りや絹の天蓋、幡《はた》などといつた裝飾品や、または住むところの宮殿、樓閣などといつたものはすべて、その人々の姿、形に應じて大小高低の別がある。

また、そこでは人々の欲するがまゝに、一種の寶、二種の寶、さては無數の寶すらも容易に目前に現はれる。地上には金絲、銀絲、錦繡の絢爛たる織物が布きつめられ、人々はみな、その上を踏んで行くのである。

また無數の寶石をつらねた網が、その國の天空をあまねく覆つてゐるが、それは黃金の絲に眞珠や百千の珍奇な寶石をつらねたもので、それが相交錯し、きらびやかに照り映えるさまはとうてい筆舌の及ぶところではない。その羅網の四方をめぐつて、そこにはまた金鈴が垂れ下つてゐるが、その輝かしい光はあたりに燦然と燃ゆるやうな光芒を放つてゐるのである。

たまたま微風ゆるやかに起つてその國土に爽凉の氣をもたらしもするが、その風は暑からず寒からず、また烈しくも、氣だるくもない適度の快さで、羅網や寶樹を搖がし、微妙な響をたてながら吹き過ぎて行く。

その妙音は教法を說き、その爽凉の氣には温雅な德の香が漂つてゐる。その妙音を耳にするものは一切の勞苦邪念を忘れ、その微風に觸れるものは清淨な悅びを得ることができる。それは恰も出家が煩惱を離れ寂靜《じやくじやう》の境地を樂しむが如きである。

時にまた風起つて七寶樹林の花散り、その花片はあまねく淨土の地に散り布くが、その色によつて順序を違へず、亂れ散ることをしない。また散つてのちも花片は色褪せることなく、芳香を失はず、凋みも乾きもしない。この國の人々がその上を履んで行くと、あたかも綿の上を行くやうに足四寸ばかりを沒するが、通り過ぎるとまた元のやうになる。

人々が花を見飽きると大地は開け、地に積つた花片はその中に吸ひ込まれて、掃き淸めたやうに一片も殘らない。その季節が訪れると風はまた花片を散らし、そのやうなことが、この淨土では日に六度くり返される。

またこの淨土の池には七寶の蓮華が咲きほこり、それは虛空一杯に擴つてゐる。一つ一つの蓮華には百千億の葉があり、その華の光は無限の色合に變幻する。靑光、白光、玄《くろ》、黃、朱、紫など百千の虹をも集めた如く燎爛として日月よりも明かである。

その一つ一つの華は三十六百千億の光を出し、その一つ一つの光の中には三十六百千億の佛が端坐しておられる。その佛の身體は紫金の色に輝き、相好はとりたててすぐれ、その一つ一つの佛は更に百千の光明を放つて、あまねく十方世界を照し、微妙きはまりない無上の教法を説いておられる。

このやうな無量の諸佛はそれぞれ無量の衆生を教化して悉くこの淨土に迎へとり、佛の道に安住せしめられるのである。

大無量壽經巻下

釋迦牟尼佛は不肖、阿難に仰せられた。

「阿難よ、若し衆生がひとたび無量壽佛の淨土に生れるならば、必ず佛となると定められた境界に安住し、正覺に入るであらう。何となればかの淨土には、佛の本願を疑つたりそれを無視したりする邪惡な境界も、また佛となる事のできない境界もないからである。十方世界の恆河の砂の如き無數の諸佛はみなひとしく無量壽佛の威德、その叡智と慈悲との廣大無邊なことを讃歎されるのである。一切衆生は名號を聞いて歡喜して佛の在すことを信じ、少くともほんの一念の間であつても眞心こめて感謝し、その淨土に生れんと願ふものは必ずそのまゝ往生して、再び生死《まよひ》の世界に歸ることのない不退轉の境界を得るのである。ただし敎法を謗り、師や父母や敎團に對して五つの重罪を犯したものは、さしあたり、やむを得ぬところではあるが」

釋尊は更に不肖、阿難に仰せられた。

「十方世界のあらゆる國の人々のうち眞心をこめてかの淨土に生れんと願ふものに三通りの輩《やから》

がある。その最も程度の高いものは、家を捨て煩惱を去つて出家し、戒律を守り、求道心を發し、ひたむきにたゞ無量壽佛を心に念じ、他の人々を稗益する善行を修めて、かの淨土に生れんと願ふのである。この種の人々が命終るに際して無量壽佛はもろもろの菩薩や佛弟子を伴つてその人の前に現はれたまふ。その人は佛に迎へられて、かの淨土に生れ、蓮の臺に坐つてそのまゝ佛となり、再び生死の世界には歸らず、佛の智慧と自在の通力を與へられるのである。

それ故に阿難よ、もし衆生がこの世に於て無量壽佛のお姿を拜みたいと思ふならば、まさに無上道を求めんとするの心を起し、他を稗益する善行を積んで、淨土に生れようと願ふがいい」

釋尊は阿難に對つて更にかく仰せられた。

「無量壽佛の淨土に生れようと願ふ三種の輩のうち、その程度の中位のものは、出家して沙門となり、他の人々を裨益するやうな善行を修めることこそできないが、しかもなほ無上道を求める心を起して、ひたむきに無量壽佛を心に念ずるのである。多少の善事を行ひ戒律を守り、佛塔や佛像を造り、出家を供養し、天蓋をかけ、燈明をともし、花を捧げ、香を焚きなどして勤行を行ひ、このやうにして佛に感謝しつゝ淨土に生れ度いと願ふならば、その人の臨終にのぞんで、無量壽佛は假のお姿ではあるが、もろもろの菩薩や佛弟子をしたがへ眼前に現はれたまふのである。それは光明も相好も眞佛さながらで、その人は方便として現はされた佛の假の姿に導かれて浄土に生れるのである。その人もまた生死の世界には戻らぬ不退轉の地位に安住し、上輩のものと殆ど變らぬ智慧と德とを具へるのである」

釋尊は更に不肖、阿難にかく仰せられた。

「ところでかの無量壽佛の浄土に生れようと願ふもののうち、最も程度の低いものの事であるが、このものは出家するはもとより、何一つとして利他の善行を積むことはできない。しかもたゞ無上道を求める心を起し、ひたむきに心をこらして、無量壽佛を心に念じ、往生を願ふのである。その中には僅か十度、名號を稱へるものもあり、また無量壽佛の本願を聞いてふかく喜び、ふかいわけは分らぬながら、それを信じて疑はず、眞心こめて唯一度、その名號を稱へるものもあるが、その念佛の多少に拘らず、この人は命終るにあたり、夢の如くに、佛の御姿を見て浄土に生れることができるのである。この人が浄土にて得る智慧と德とは中輩のものと殆ど異るところはない」

釋迦牟尼佛は再び無量壽佛の威德をたゝへて不肖、阿難にかく仰せられた。

「無量壽佛の廣大な德はまことにはかり知れぬものがある。十方世界の想像も及ばぬほど多數の諸佛もすべてみなこの廣大な德を賞讃されないものはない。かの東方の恆河の砂の如くある佛土の諸菩薩はみな悉く、無量壽佛の許に詣でて禮拜、供養されるのはむろんの事であるが、その上、かの佛の國に住む數多い菩薩や佛弟子や衆生をも、やはり禮拜し供養して、教法を聽き、そこで受けた教へをさらに他の國土へ赴いて宣べ弘められるのである。それは何も東方の無數の國土の菩薩達ばかりではなく、南西北あるひは東北、東南、西北、西南、上下にあたる無數の國土の菩薩達も同樣である。

その時、釋尊はいま仰せられた事を、更に美しい詩句をもつて說き明され、次のやうに唄はれた。

東方諸佛の國
その數、恆河の砂に似たり
數へがたきその國土より
數えがたきもろもろの菩薩來たり
無量壽佛にまみえたてまつる

そはたゞ東方の國々のみならず
南西北、十方の諸國みなしかり

この國々の菩薩もまた淨土に詣でて
無量壽佛をおろがみまつる

もろもろの菩薩、淨土に集ひ
色褪せざる花供へ
栴檀の香をば焚き
無縫の衣もたらして、うやうやしく
無量壽佛をおろがみまつる

その時、涌くが如く樂の音は起り
幽玄微妙の調べに雅びたる聲もて
最勝の佛讃へ、歌うたひ
無量壽佛をおろがみまつる

讃歌を聞けば曰く

無量壽佛の威德は日月を凌ぎ
神通と智慧は達して涅槃に通ず
智德ともにならぶものなく
光明十方を照らし
あまねく生死の雲を拂ひたまふ、と

菩薩は三度佛身をめぐり
うやうやしく無上尊を禮拜す
この淸淨莊嚴の佛土
わが思議の及び難きかな
無上道を求めてわれ念ず
願くばわが國土をして
無量壽佛が淨土の如くならしめへ給へ

その時佛は願に應へ

容顔を動し、かすかに微笑《ほゝえ》み
御口より限りなき光放ちて
あまねく十方の國を照したまふ

佛の光明は返り來つて
三度、佛身をめぐり
頂より入る、その不思議のうちに
衆生の得度を證《あかし》したまふ

一切の衆生は歡喜踊躍し
觀世音菩薩は容《かたち》あらため、服を整え
禮拜して佛に問ふ
何が故に笑み給へしや
われに說き給へ、と

無量壽佛の音聲《おんじやう》は雷の如く
八種の清淨音を出して敎法を述ぶ
菩薩よ、あきらかに聽くべし
今こそ汝等に成佛の時を告げん
我、つとに十方より來れる汝等が願を知れり
欣求淨土の志は諸佛のよみするところ
その成就は旣に證《あかし》されたり

一切法は夢の如く幻の如く響の如しと知るも
衆生のために營作し
樂土を願はんとす
人生萬事、電光の如く儚しと觀ずるも
菩薩の道、捨つることなく
衆生のために苦を受けんとす
萬物もと自性なく、我なしと知るも

浄土を求めてつひに倦むことなし
汝等がこの志、必ずや成就せん
汝等がこの願、悉く満されん

十方の諸佛、その國の菩薩に告げて
行きて無量壽佛にまみえんことを勸む
教法を聞き、道を修め
解脱に入らしめんとの心なり

かの浄土にいたらば
速かに通力を得ん
佛によりてあらかじめその時を知り
必ずや無上正覺に入らん

無量壽佛の本願により

その名號を聞いて往生を望まば
みな悉く淨土に生れて
再び生死《まよひ》の中に歸り來る事なし

かくてこれらの菩薩また
大願を興して誓う
願くばわが國土もまた
かの淨土と等しきを期せん、と

一切衆生を度し
その名の十方に知られんことを願ふ
無量の國土を遍歷し
無量の諸佛に事へ
禮拜、歡喜しつゝ再び淨土に還る

もし人、慈悲の心なくんば
この經を聞く能はず
身を清淨におき、行正しく、戒を守るもの
よくこの法を聞くを得ん

嘗つて遠き過去世にありとも
ひとたび佛に逢ひたる者は
よくこの經を信ずるなり
恭敬して佛に事《つか》へ
踊躍して歡びきわまりなし

心驕れると、邪なると、懈怠のものとは
つひにこの法を信ずる能はず
ひとり過去世に佛を見しもの
はじめて教へを聞くを願ふなり

佛弟子あるひは菩薩すら
無上の佛心は究めがたし
そは生れつき盲ひたる者の
他を導かんとするに似たり

如來の智慧は海の如く
廣く深くして、その涯底を知らず
淺き悟りにあるものの
測り知るところならず
佛のみ獨りそれを知るなり

假令、世の人に悉く道を得て
諸法の空なることを悟るとも
また假りに億劫の壽《よはひ》を得て
その命の限り究め求むるとも

佛の智慧を盡すことは難し

無量壽佛の智慧は際涯なく
聖心は清淨、深玄なるを
人命は得難くして
佛に遇ひたてまつるの悦びは
あたかも優曇華の開くに似たり

假令、また佛の世に遇ふも
信ずるもの少く、悟るもの稀なれば
ひとたび法を聞いて行業につとめよ
もし法を聞きて心にとどめ
それを敬ひて歡ぶものあらば
そはわが無二の友なりと言はん

それ故に道を求めよ
求め求めて退くことなく
假令、天も地も焔にみち
焼け亡びんとすとも、進んで法を聞け
必ずや生死の流を超えて
佛道無上の正覺にいたらん

釋迦牟尼佛は不肖、阿難に仰せられた。

「無量壽佛の國土の菩薩達はすべてみな、この一生を過ぎれば佛の地位を補ふべき等覺の位にあるのである。尤も衆生濟度の志があつて、その誓願のために德を積み、迷ひを離れ、あまねく一切衆生を敎化せんとする菩薩は別ではあるが、阿難よ、かの佛土におるもろもろの佛弟子達はその身の光明わづかに一尋であるが、菩薩の光明は四千里を照す。中には優れた二菩薩あつて、その威德はあまねく三千大千世界を照すのである」

不肖、阿難はそこで釋尊にお伺ひした。

「おそれながらその二菩薩の名號は何と申上げるのでございますか」

「その一は觀世音菩薩といひ、他は大勢至菩薩といふのである」と釋尊はお應えになつた。

「この二菩薩はもとこの世界にあつて菩薩の業を修め、命終つてのち彼の淨土に轉生したのである。阿難よ、誰でも彼の淨土に生れるものはみな悉く三十二の尊い相好を具へ、智慧は些かも缺くるところなく、一切萬事に通達し、すべてそれらの肝腎なる要點を見極めて、何ものにも捉はれることなく、聰明この上もない。

その人々のうち、あまり敏からぬものですら、佛の說法の音聲を聞き、諸法の道理を知つて安住する音響忍と、諸法の理にすなほに順つて安住する柔順忍とを成就してゐる。またその中でも敏いものは、相を離れ、たゞちに法の眞理にかなつて安住する無生法忍の境地を無數に得てをるのである。

かくしてこれらの菩薩達は少くとも成道の時まで、生死の苦海に戻り、愛欲の虜となるやうなことなく、何ものにも捉はれず、ながい過去世の生存のありさまを一々辨へてゐるのである。しかし一方に敢えて濁世に生を受け、衆生とおなじ身となつて苦患を受け、恰もこの國に於ける我の如くあらんとするものはこの限りではない」

釋迦牟尼佛は不肖、阿難にかく仰せられた。

「無量壽佛の國の菩薩は佛の神通力を受けて、僅か一食をとる間にもあまねく十方の國土へ赴き、諸佛を禮拜し供養するのである。その際、欲するところにしたがつて、花や香や樂器、絹の天蓋や幡《はた》など數限りない供養の器具は思ひのまゝひとりでに現前する。もとよりそれらのすべてはありふれたこの世のものではない。しかもそれを以てもろもろの菩薩や佛弟子の大衆に分ち供へるとき、それらは虛空の中に浮び漂ひ、色鮮かな花笠となつて擴り、耀き香る有樣は譬へようもないほど美しい。

その花の周圍は四百里のものから始つて、順次に二倍、四倍となり、つひに三千大千世界をも覆ふにいたる。しかもそれが順次に地に落ちれば消えて跡かたもない。それを見て菩薩はみな悅びにあふれ、空中にあつて音樂を奏しつつ、微妙な聲をもつて佛の德をたゝえる歌を唄ひ、その法の聲を聞いて歡ぶこと限りない。かくして佛の供養が終れば、自分の食事が終らぬ前に忽然として飛び、その本國たる無量壽佛の淨土に歸つて行く。

釋尊はさらにまた不肖、阿難に仰せられた。

「無量壽佛がもろもろの佛弟子や菩薩や大衆のために法を宣べ、道を說き給ふ時は、すべてみな悉く七寶でできた講堂に集るのであるが、これを聞いて歡喜し納得し悟りを得ないものは一人もない。

折しもその時、四方より微風起つて、あまねく寶樹をゆるがし、樹はそれぞれ一齊に五種の音階を奏し、花の雨は天から降り注いであたり一めん地上に散り布くのである。このやうな場合にはつねに人手を煩はすことなく供養が行はれ、しかもそれの絶ゆる時がない。

あらゆる天人や法の守護神もまた數限りない花や香木、いろいろな樂器を手にして現はれ、佛及びもろもろの菩薩や佛弟子を供養する花を散じ、香を焚き、音樂を奏し、列を作つて往來しながら交互に足踏みしたり進んだりするのである。その樂しみはまことに筆舌に盡しがたい」

釋迦牟尼佛は不肖、阿難に仰せられた。

「阿難よ、かの無量壽佛の國のもろもろの菩薩は、教法を宣べるにあたり、何時いかなる場所においても正しい説法をして決して誤ることはない。叡智の教へるところによつて説くが故に、決して違ふことなく、また失敗することもない。その國土の一切の物に對し、何ら我《わが》ものと思ふ執着がないから、擧止進退ともに捉はれることなく自在である。物に好き嫌ひなく、我もなく、他人もなく、競争する敵手もなく、嫉む相手もない。あるものはたゞ一切衆生の濟度を願ふ心のみである。

またこれらの菩薩は柔和な克己の精神をもつてゐて、忍耐強く憤濾や怨恨を抱くことは絶えてない。もろもろの欲念を去つてゐるから、心はつねに澄みわたつて衆生濟度の道に倦むことはない。

たゞ一切の法を萬遍なく修めようとする心、無上の法を修めんとする心、深い慈悲をもつてする心、寂靜とした禪定の心、さらに道を愛し、法を樂しみ、それをまたとない悅びとする心のみである。

もろもろの煩惱を斷じて、地獄、餓鬼、畜生の迷ひを離れ、あらゆる菩薩道を究め盡し、數限りない善行を積み、それを成就するのである。

卽ち、最も深遠な禪定とともに、三明、六通、三慧を兼ね具へ、多くの正覺の境界にあつて佛法の修業にいそしむ。肉眼は淸く澄んで何物をも見究め、天眼は何ものにもさえぎられず一切を見透し、法眼は一切の理法をくまなく洞察する。

また智慧の眼は眞僞を判別してよく悟りの彼岸に導き、佛眼はまどかに一切諸法の性相をさとり盡してゐる。

また菩薩たるものは捉はれざる智慧をもつて衆生のために說法し、因緣によつて出來た世界は定まれる相なく、決つた自性は求む得べくもないと觀じつつも飽くまで敎法を求め、もろもろの辯舌の能力を具へて衆生の煩惱による苦患《くげん》を除くのである。

眞如より來生したものとして、ふかく眞如の世界を理解し、善を習ひ、惡を滅するがためにはいろいろの方便を用ふるけれども、無意味なおもねりと世辭を欲せず、つねに正論を樂しむのである。

もろもろの善行を積んで、佛道を敬ひ、一切萬物は、つひには滅するものと知つて、生身も煩惱もその因果とともに窮極の姿を見きわめてゐる。深遠高尙な哲理を聞いてもとりたてて懼れを抱くことなく、つねによく修道に志し、その大慈悲心は廣大ではかり知れず、いかなる衆生の苦惱も見逃すことはない。しかも唯一最高の敎を究め盡して悟りの彼岸に到達するのである。

またあらゆる懷疑の網をば、恰も快刀亂麻を斷つの勢をもつて、切り拂ひ進むところ、智慧の輝きは自づと心の底に涌き、敎法といふ敎法は悉くその身に體して餘すところがない。

その智慧は大海のごとく廣くふかく、禪定は大山にも似て搖ぎなく靜かである。叡智の光のあまねく明らかなさまは、まさに日月にもまさり、その光の淸淨で透徹してゐるさまは、高峰の頂きに耀ふ永劫の雪の如くである。一切を許容して選ぶところなく、しかも汚れに染まずに本來の姿を保ち續けてゐることは大地の如くであり、人々のあらゆる心勞と妄念とを洗ひ去ることは恰も淨水の如くである。

また一切の煩惱の薪を燒き盡してあますところのないことは巨火の如くであり、もろもろの國土を過ぎ行きながら、何ものにも捉はれないことは季節風の如くである。あらゆる事物に執着することなきは恰も虚空の如きであり、俗世間の汚濁の中にありながら、それに染ることのないのは泥中の蓮の如くである。

またこれらの菩薩が一切衆生を助け上げて迷ひの世界を離れ、悟りの彼岸に運びゆくさまは大きな車の如くであり、大音聲を放つて衆生の迷夢を覺さしむるのは雷電をはらんだ夏の雲の如くであり、また甘露のやうに法の雨を降らして、衆生の渇きを潤すことは、干天の慈雨にも譬へることができよう。

あらゆる誘惑にも負けずさかしらな異端者の小智にも動じないことは金剛山の如くであり、もろもろの善事を行ふことに於て世に疑ひもないのは梵天王の如くである。

菩薩は、また、かの樹の中の王といはれ、枝から垂れ下つた氣根が地に達して根を生じ、その根からまた枝葉を出しては擴つて行くあの鬱蒼と繁り合つた尼拘類樹（榕樹）の如く、一切衆生を、その德、慈悲の木蔭に抱擁し盡すのである。その惠みの類ひ稀れにして容易に遭ひ難いことは三千年に一度開くといふ優曇華の花を見るやうなものであり、異端者を威伏せしめることは恰も鳥中の王にして龍すらも捕食するといふ金翅鳥の如くである。

またこれらの菩薩は、遊禽の如く一物を蓄へることなく、祇園精舍の守護神たる牛頭天王の如く天下無敵であり、象王の如く敵意あるものを馴致してよく順はせ、獅子王の如く何ものをも畏れず、虚空の如くあらゆるものをあまねく大慈悲をもつて抱擁するのである。

更にこれらの菩薩は、むろん他を妬み嫉むやうなことは絶えてなく、己に勝るものを忌み嫌ふなどといふ狹量なところは少しもない。ただ一途に向上の道を求めて飽くことなく、つねに衆生の前に法を說いて疲れ倦むことを知らない。

かくて菩薩は法の戰ひのために、鼓を打ち鳴らし旗幟をかゝげ、智慧の輝きをもつて衆生の迷ひの闇を除くのである。また衆生と相親しみ敬愛し合ふためにその行動を共にし、衆生とともに戒律を守り、布施を行ひ、見解を同じうする。萬人をしてつねに不安と恐怖から免れしめ、いかなることあるもたじろがず、敢然として大目的に向ひ、世の光となつて衆生に限りない無形の福祉を與へるのである。

衆生を導くにあたつては、好惡愛憎の私心なくたゞ一すじに無上の道を希ひ求めるだけで、その他の快樂や苦痛を顧みない。他を傷けるが如き邪《よこし》まな心を奪ひ、靜慮を得させるその德行と叡智とは殊の外にすぐれ、貪欲、怒り、愚痴などの汚れを洗ひ去つて、悠々たる自由な境地に遊び、萬人の尊敬の的となるのである。

かくて菩薩は、おのづから過去世に善根を修したことの因緣及び意志や願望や指導力や、恒常心、禪定、叡智、博識などを兼ね具へてゐる。それのみかまた、貧しき者に施し、戒律を守り、他の侮辱、妨害を堪え忍び、修業を怠らず、もろもろの現象に心を亂される事なくその實相を見きはめる力、さらに佛の說かれたところに順ひ、衆生の敵意ある者を心服させ教化する力など、このやうな一切の力をすべて兼ね具えてゐるのである。

菩薩の相好、德望、辯才ともに較べるものなく、そのおごそかにうるはしい有様は一切に懸絕してゐる。しかも飽くまでも謙讓で、その先達である無量の諸佛には父母に對するが如く敬ひ事へ、常に諸佛の嘆賞するところとなつてゐる。

菩薩はまた悟りの彼岸に到達するためのあらゆる修業を遂行し、人も物もともに空なることを觀ずる靜慮、一切の差別を離れた靜慮、願求の思ひを捨てた靜慮などの境地に安住し、すべての存在は一面的に考へられた生滅の相を超えて、絕對のものであり、その本來の姿からするなら、生じるものも滅するものもなく、淨いものも汚れたものもないとする言說思慮を離れた實相を体得して、小乘的な修道者の域をはるかに超えてゐるのである。

阿難よ、かのもろもろの菩薩はこのやうにはかり知れぬ功德を成就してをられる。我は汝に向つてたゞそのあらましを說くに過ぎない。若しこれを詳しく說くならば百千萬劫の時をもつてするもなほ盡しがたいであらう。

以上で釋迦牟尼佛は安樂淨土の由來と、衆生がその國土に往生するに就いての因緣を說き終へられたので、更にのちの世に御自身の佛としての地位を補ひ、敎に洩れた衆生を濟度するために、下生されることになつてゐる彌勒菩薩に呼びかけられて、後世の人々がこの永遠の淨土を希ひ求むべき所以を明らかにされた。

「無量壽佛の國土に住む佛弟子及び菩薩の功德と叡智のすぐれてゐることは、とうてい筆舌に盡すことはできない。またその國土の譬へようもなく安樂清淨なることは、これまでに述べた如くである」

と釋尊は彌勒菩薩及びもろもろの天人達に向つて仰せられた。

「してみればわれわれはすべてこの淨土に生れることを願つて、善事に努めずにはゐられようか？　出離の道を願ひ求め德を積むなら、衆生はみな自づと貴賤の別なくその淨土に生れ、あますところなく悉く正覺に入ることが出來るのである。何人も須らく努力精進して、それを求めなくてはならぬ。かくて迷ひの世界を超えて、ひとたびかの安樂淨土に往生するならば、衆生が自分の業によつて得たところの悪しき生存は、自然にその跡を絕つて、限りなく悟りの道に昇り行くことができるであらう。

このやうに安樂淨土はそれを心に念ずるなら直ちにそこに生れるといふ、誰にも最も往き易いところであるにも拘らず、不思議にもそこへ生れる人はいたつて少い。極樂往生は因果自然の理にかなつたことなのであり、決してその理に逆いて故意に造つた事柄ではないにも拘らず、しかも往く者は殆ど稀である。どうして人々は現世の儚い些事をさし措き、つとめて道に志さないのであらうか？　もしひとたび道を求めるなら永遠の生命と眞實の福祉を得ることは毫も疑ひないであらうに……。

しかしながら世間の人々は多くあさはかであつて目先の事のみに心奪はれ、とるに足らぬ事のために爭ひ續けてゐる。激烈な競爭場裡に身を置き、あくせくと身心を勞しながら、辛ふじて生計をたててゐる。

その有樣は貴賤、貧富、老若、男女に拘らず、みな同樣であつて、誰も彼もが等しく財貨の事のみを憂へてゐる。有れば有るで心配し、無ければ無いで苦しみ、小心翼々として、つまらぬ事を思ひ煩ひ、日夜そのために狂奔し續けて、寸時も心の安まる暇はない。

もてるものは田あれば田を憂へ、宅あれば宅を憂へ、牛馬その他の家畜、召使や使用人、衣服、食物、家具、金錢など、すべて心勞の種ならざるはない。つねにそれらが奪はれはせぬか、損《そこな》はれ失はれはせぬかと、怖れながらびくびくもので日を送つてゐる。だが一たん水害や火災や盗難に逢ひ、邪《よこ》しまな親類縁者や債權者の手にかゝると、その甲斐もなく灰燼に歸し、あとかたもなく奪ひ去られて雲散霧消してしまふのである。そのやうな心勞のために疑心は暗鬼を生み、始終いらいらして萬事に固苦しく意地汚く、一刻もゆつたりとした氣持を持つことはない。

しかも思ひ設けぬ危難が身に迫れば、それを避くる術もなく、一切の頼みとするものは脆くも打ち砕れて、身亡び命終つてのちは、誰一人として付きしたがう者もなく、生前山と積んだ財貨もすべて捨て去るよりほかはない。

他人から幸せ者よと羨まれる富貴の人にして既にかくの如く、つねに限りない危懼を抱き、心は千々に亂れ、自ら求めて周圍に地獄を造り、日夜水火の苦しみに身を置いてゐるのである。況して貧賤の者はつねに困窮して恒心を持つことができない。

自分の耕す田地すらもたないので、何とかしてこれを得ようとし、住居もないから、これを得ようとして焦慮する。田地や住居を得ても家畜や使用人、家具家財、衣服や食物などに不足を感じて、ひたすらこれを得ようと欲心を起す、たまたまその一つを得ても他が得られず、それを得ても更に他のものに事欠く有様である。何とかして不足なくすべてを得ようと欲し、運よくそれらがみな得られたと思ふと忽ち災難が起つて、刻苦して貯へたものはすべて四散するといふ有様である。

そこで再びそれらを得ようとして躍起となるが、それがいつも都合よく得られるといふわけのものではなく、徒らに欲念ばかり強く燃えさかつて、あれこれと徒らに思案をめぐらし、身心ともに疲れ果てて立居も思ふやうに行かなくなる。

このやうな人々もやはり前者とおなじく生きながら自分の周圍に地獄を造り、日夜、水火の苦しみを離れることができない。あるひはこの懊惱によつてあたら身心を害ひ、天壽を全うせずに夭死《わかじに》するか、あるひは焦りにあせつて不慮の死を遂げるにいたるのである。

もとより善根を積むことをせず、德を養はず、たゞ欲念に驅られて慌しく一生を過したので、命終つてのちは誰一人、懷しみ慕ふものとてなく、獨りさびしく冥界に旅立つて行くのであるが、その行方を知る者とては更にない。

それ故に世の人々は、親子、兄弟、夫婦、家族の者、遠い近い親類緣者に及ぶまで、互に敬愛し合ひ、憎惡したり嫉妬したりすることなく、裕福な者は貧しい者に施して助け合ひ、惜しみ貪る心を起さず、和やかな態度で、おだやかに語り、つねに親しみ合つて、仲違ひなどしてはならぬ。

若し何かの機《はづ》みでかりそめにも敵意を抱いて相諍ふことがあれば、この世ではほんの僅かの恨みであつても、後の世ではそれが次第に劇《はげ》しくなつて、つひにお互の身を亡すやうな大怨となるのである。何となれば、兎角、世間のさうした事柄は、その根源を訊すと大ていお互の些細な感情のもつれから起るのであつて、最初は別段、急激な衝突もなく、小競合《こぜりあい》の程度であるが、追ひ追ひに毒を含み遺恨を重ね、敵意と憤怒とをふかくその心に刻み込んで忘れることがない。後の世までその恨みと憎しみのため離れることができず、幾度生れ代つても相伴つて生れ、互に報復し合つて盡きる事がないからである。

また人々は、ふだん、親子、兄弟、妻子をはじめ、世間の愛情に圍れて生きてはゐるが、結局は獨り生れ、獨り死し、獨り來り、獨り去るのである。自らの作つた業によつて、あるひは地獄に落ち、あるひは再び三界を流轉し、あるひは淨土に往生するのであるが、その赴く先の苦しみや樂しみは、この身一つが受けねばならぬのであり、何人も代つて引受けてはくれぬ。

その一人一人の前世に於ける善惡の業の報ひとして、生れながらに身分や環境も違ひ、受ける禍福もそれぞれ異つてはゐるが、それらはすべて前世の約束として豫め嚴然と定つてゐることであつて、否應なしに唯ひとり、そこに赴かねばならぬ。かくて道は同じからず、遠く別れ別れとなつては、假令、最愛の者同志であつても、再び相まみゆる折はない。

そのすべては善惡の報ひとして自然の理に從ひ起ることで、避く得べくもないのであるが、人死して次の世に生を受けるまでの流轉の間を考へてすらも、愛する者との別離はいく久しいのである。しかも辿る道は同じからずとせば、もはや再會を期することはできない。あゝその再び相見ゆることの如何に難きか。

若し人々がその愛するものと永遠の契りを結ばうと欲するならば、何ぞ目前の欲得を捨て、身体の強健無事なる間に努めて善根を積み、ひたむきに道を求めて悟りの彼岸に到ることを願はないのであらうか？　その曉にはともに淨土に生れ、もはや愛別離苦のあることなく、永遠に睦み合つて行けるものを……。あゝ何が故に道を求めないのであるか。何を恃み、何の樂しみがあるといふのか？

それといふのも世間の人々は善をなして善を得、道を求めて道を得る事をば信ぜず、人死して來世に再び生れ代り、施しをして福を受ける事を信じないからである。善惡因果の理をばすべて信ぜず、そのやうな莫迦化《ばかげ》たことがあるものかと、さかしらに否定するだけで、その深い意味を遂に悟ることがない。このやうな邪見に執してゐるが故に、道義を知らず、何をしてもかまはぬと思つてゐる。しかも自分だけがこのやうな邪見に捉はれてゐるばかりではなく、そのやうな行はそれを見る者をして同じ邪見を抱かせるやうになるのである。

世の師であり先達であるものがこのやうな有様だから、他はおして知るべしで、その弟子や後輩達も同様な邪見を受け繼ぎ、後世にまで傳へることになる。父の感化は子に及び、かくて次々とその影響を受くるにいたる。

先祖も祖父も善事をなさず、道義を守つたためしはないから、その子孫たるや、當然、暗愚であつて、凡そものの道理には盲目であり、生死のおもむく處や是非善惡の別をも全く知る事がない。しかも誰一人それを本心から説き聞かせる者とてないのであるから、空しく吉凶禍福を競ひながら少しもこれを怪しむところがない。

しかしながら無常は迅速であつて、世に生死の有爲轉變は絶ゆることなく、相ついで現はれる。あるひは父が子の死に哭くかと思へば、子は父の死に逢ふて哭く。兄弟夫婦の間も同様で、老少不定であり、何れが先立ち、何れが遲れるといふ定めなく、むしろ若いものが老ひたる者に先立ち、年長のものが幼少のものに遲れるといふのが他ならぬこの世のならひである。

しかも何れにしろ遲かれ早かれ一切は過ぎ行き、何一つとして久しくとどまる事はない。假令、人は死を厭ふともよく百年の壽を保つ事は難い。この無常の理を敎へ聞かせ、人々を迷の夢から呼び醒さうとするのであるが、それに耳を傾ける者は少なく、限なく生死の流轉をくり返してやむ時がない。

このやうに人々の心は愚昧であり、しかも傲慢であつて、容易に教法を信ずる事なく、何の憚かるところも恥もなく、ひたすら快樂を追ひ求めてゐる。愛欲の淵に惑溺して、德を養うことを忘れ、財貨に眩惑されて、眞實の福祉を求めることを知らない。豺狼の如く貪婪に女色と財貨とを追ふて飽くことなく、地獄、餓鬼、畜生の苦しみをくりかへして、永遠に悲慘な生死流轉を續けて行く。まことに哀れといふも愚かであり、傷しい限りである。

ある時は家族の者の中、親子、兄弟、夫婦などのその愛するものと死に別れて、哀傷きはまりなく嘆き悲しむのを見るが、その心の結節は固くして解ける時なく、その傷手はふかくして癒える時がない。年月の流れも痛恨を消し去ることはないのである。

このやうな人々に道を說いて聞かせても、凡そ悟るところがなく、徒らに恩愛の闇をさまようだけで迷ひを離れることができない。理性は悲愁のあまり閉されて、昏く愚痴に蔽はれ、ふかく思ひ返して氣を取り直し、世の浮沈をば一場の夢に似たりと諦觀し去ることをしない。うろうろしながら日を送つてゐるうちに、早くも一生は過ぎ去り、臨終にあたつてもなほ道に入ることはできない。かくてはもはや取り返しがつかないのである。

世の中はすべて濁り亂れて人々はみな愛欲に耽つてゐる。迷へる者は多くして、道を悟る者は少く、一切は目まぐるしく移り變るだけで、何一つ心を支えてくれるものとてない。世の人々の高きも尊きも、低きも卑しきも、その貴賤貧富にかゝはらず、つねに世渡りに忙しく、紅塵の巷を馳驅して、つまらぬ物事に身心を勞し、しかも互に惡意を抱き合つてゐる。

あるものはこの惡意にくらまされて妄りに事を構へ、天地の道理に背き、人情の自然に逆ふから、何よりも先づ宿世に犯した惡業が自づとその報ひを現はして、その人を縄るのである。しばらくの間は勝手氣儘にその爲すに任せてゐるが、やがて間もなくその罪科が限度に達するに及び、忽ち生命を奪つて非業の最後を遂げしめ、その人を地獄、餓鬼、畜生の三惡道に落し、生れ變り死に變りする累世の長きにわたつて苦惱せしめるのである。こうしてひとたび流轉の中に入るや否や、限りなくそれをくり返し、千億劫を經るとも苦海を出づることはない。その痛ましさは言語に絶し、まことに哀れむべき限りと言はねばならぬ。」

釋迦牟尼佛はさらに彌勒菩薩及びもろもろの天人に告げてこう仰せられた。

「彌勒よ、我いま汝に語り聞かせた貪りと怒りと愛欲の三毒に汚染せられて、人々はいつまでも眞の道に入る事ができない。まさに大所高所に立つて思ひをめぐらし、反省し、もろもろの惡を遠ざけ、努めて善行に勵まねばならぬ。

世間の愛欲も榮華もすべて束の間の夢、幻、泡沫に過ぎぬ。それらはみな片時もとどまらず儚く過ぎ行くものであり、樂しむに足るものではない。それに執して一喜一憂するよりは、佛がこの世におられる間に、道を求むるの心を起して、眞實、永遠の安樂を願ふべきである。もしひたむきに安樂淨土に生れんと願ふものは、既に智慧あきらかに、德のすぐれたものである。決して一時の物欲や世上の名利に眩惑されて敎法と戒律とを無視し、道を求めることに於て、他人に後れをとつてはならない。もし敎法に就いて何らかの疑を抱く場合には、得心の行くまで佛に伺ひを立てるがよい。我はいついかなる場合にも十分にこれを說き明すであらう」

そこで彌勒菩薩はうやうやしく跪いて佛に申し上げた。

「世尊よ、あなたの威德の宏大なることは量り知れず、そのお說きになるところのものは高遠であつて尊きこと限りなく、このやうなお敎をうけたまわるのはまことに稀有のことであつて欣びこれに過ぎたるものはありませぬ。通觀いたしまするに、世間の人々のありさまは、まことに仰せの通りでありまして、世尊はいまそれを愍んで萬人の行くべき大道をお示しになつたのでございます。それを伺つて耳も目もはじめて開いたかの感がいたします。世尊のお說きになるところをお聞きして、迷から醒め歡喜せぬものとてはありませぬ。天人、庶民、地を這ふ虫けらのはてに至るまで、みなその惠みに浴し苦しみを脫れることができるのでございます。

まことに世尊の敎へさとされるところのお言葉はすべてふかい意味をもち、慈悲にあふれ、また叡智の輝きを放つて、大千世界はもとより、過去、現在、未來のことを究めつくしておられます。いまわれわれ衆生が道を得て、世間の苦から脱れることのできますのは、みな世尊が過去世に於て求道にいそしまれた際の謙讓な苦行の賜であります。恩澤はあまねく一切衆生の上に及び、もたらされた眞の幸福は萬人の上に行きわたり、威德は大光明の如く虚空に透徹してをります。

しかも世尊はそれらに超然として旣に寂滅の境地に入られ、人々のために教を授けられ、經典を說き明され、威嚴をもつて惡魔や外道をうち破り、教化され、限りなく十方世界の衆生を感動せしめておられます。

まさに世尊は教法の王者であり、その尊き事はもろもろの聖者達を超えるものであります。かくてあまねくあらゆる天人の師となり、各人の願ひに應じてみな道に入らしめ安心を與へたまふのであります。いま世尊に會ひたてまつる事を得、また無量壽佛のみ名を聞きたてまつつて歡びきわまりなく、心の夜の一時に明ける思がいたします。」

釋尊は重ねて彌勒菩薩に仰せられた。

「まことに汝の言ふが如くである。もし人が佛を敬ひ慕ふならば、それにまさる善はあり得ない。假令、悠久の時を經るとも佛の現はれたまふ事はきわめて稀である。いま我この世に於て佛となり、經典を說き、教法を宣布して、萬人のためにもろもろの疑ひを除き、あらゆる迷妄のよつて來たる愛欲の根源を斷ち、もろもろの惡のきざす根本を拔き去り、世間のあらゆる場所にいろいろな姿を現じてその人その時に應じ、衆生を濟度するのである。

經典の智識は教法の要點を洩れなく衆生に傳へ、つねに衆生をいましめ諭して、理非曲直を明らかにし、衆生のともすれば陷り易い五つの迷路を示して、迷ひの中にあるものを悟りに導き、涅槃の境界に到らしめるのである。

彌勒よ、よく辨へるがよい。汝は悠遠の昔よりこの方、菩薩の業を修め、衆生の濟度を志して以來、既にいく久しい年月を經てゐる。汝に從つて道に入り、涅槃に到れるものも數知れぬほどある。しかしながら汝もまた十方世界のもろもろの天人や人間及び一切衆生と同じく、永劫の昔から今に到るまで無明の世界を流轉し續け、未だに憂え怖れ苦しみ惱みつゝ生死を繰返してゐるものである。それがいまはからずも會ひ難き佛に會ひ、教法を聽いて、なほかつ無量壽佛の誓願を知ることができた。實に喜ばしい限りではないか？　これにまさる慶事はまたとあるまい。我また汝を助けしを悅ぶものである。

彌勒よ、汝は此處にあらためて生老病死の痛苦にみちてゐるこの穢土を厭ふべきである。そこは汚れたる事のみ多く、眞の樂しみを得べき何ものもない。よろしく迷の境界を斷じて、生死の外に超越し、身を堅固に持し、行を正して、善事に勵み、修道に努め、もろもろの煩惱を離れ、言行一致して背馳すること勿れ。

もし今ここに人あつて先づ自らを救ひ、しだいに他人に及して、衆人を救ひながら、互に助け合ひつゝ淨土に生れん事を願つて善根を積んで行くならば、現世の苦難はいかばかり大きくともそれは瞬目の間に過ぎ去り、のちに無量壽佛の國土に生れて、盡きる事なき安樂を受けるであらう。

そこでは行ふところすべて自然に道理に適ひ、永久に生死の迷ひを離れ、再び貪り、怒り、愚痴など三毒の患ひを受けることはないであらう。

その淨土では長壽を得んと願へば、假令、一劫なりと百劫なりとあるひはまた千萬億劫なりとも思ひのまゝに得る事ができ、何ら殊更、努力を拂ふことなく、自然に涅槃の境地に達するのである。

それ故に汝等はすべからく各自に道を求めて怠ることなく、淨土を願ふ心を起さなくてはならぬ。しかも中道に於て疑ひを抱き、あるひは惑ひを起し、自ら心中に過誤を招いてはならない。もし一たび心に疑惑を生ずるなら、かの廣大無邊な淨土の片隅に肩身のせまい思で暮し、五百年の間も無量壽佛を拜する事ができないと云はれてゐる」

その時、彌勒菩薩は釋尊にお答へして言つた。

「重ね重ねの御教誨に背くことなく專心に求道に志し、仰せの如く勤め勵んで疑はぬことをここにお誓ひいたします」

釋迦牟尼佛はさらに彌勒菩薩に仰せられた。

「汝等もしこの現世に於て己を清く正しく保ち、もろもろの惡事から免れてあるならば、それだけで十方世界に並びなき最高の德と見倣さねばならぬ。何となれば諸佛の淨土にあつては、そこに住むもの達は、その國土の自《おの》ずからなる感化によつて、ひとりでに惡を離れ善に就き、容易に教化することできるからである。

しかるに我いまこの世に於て佛となり、世間の五惡とそれによつて起る苦患の唯中に身を置きながら、それに處して行かねばならぬのはまことに至難の業と言はねばならぬ。

衆生を教化して、もろもろの惡事と、それがもたらすところの苦痛から脫れしめ、逆にその惡を機緣として善に導き、眞實の福祉を授けて彼岸に到らしめ、永遠の生命である涅槃の境界を得せしめることこそわが使命なのである」

ここに於て釋尊は言葉を改め、次の如く仰せられた。

「しからばその五惡とは何であるか。それがもたらす五痛、五燒などの苦患とはそも如何なるものであるか？　しかもその五惡を變じて五善となし、悟りの道に入らしめるとは如何なることであるか？　今よりそれを詳しく說くであらう」

釋迦牟尼佛はかくてそれを說き進められた。

「彌勒よ、世に謂ふ五惡のうち第一の惡とは何かと言へば、人間をはじめ、鳥、獸、虫けらのはてにいたるまで、あらゆる生きとし生けるものは、本來みな惡事をなさんとする傾向を有つてゐるといふことに基くのである。そしてその事には唯一つの例外もあり得ない。

強者は弱者を征伏し、互に害し合ひ、殺戮し合ひ、その屍肉を喰《くら》ひ合つてゐる。善事を行ふ事を知らず、惡逆無道であり、死後にその罰を受けて、地獄、餓鬼、畜生などの惡道に墮ちる。その生前、犯せる罪は何よりも先ず自らの意識の明記するところであり、また自然の理法は、それを犯せる者を決して赦さない。

世に貧窮の者、下賤の者、乞食、孤獨なる者、聾啞、盲目などの不具者、白痴、瘋癲、狂人、夢遊病者などのあるはみなそれがためである。

これに反して世に高貴なるもの、富裕なるもの。才幹ゆたかに賢明なるもののあるは、すべてみな前世に慈悲心を持ち、善事を行ひ、徳を積んだその報ひによるものと言はねばならぬ。世間に既に國法による牢獄のあることは周知の事實であるが、人々は多くそれすらも畏れ愼しむことなく、敢えて惡事をなし、罪に墮ちて死後の罰を受けるのである。その時になつてはじめてそれを免れんとして、足搔いても既に遲く脱れるすべもない。

この世にあつて現にその罰を目前に見ることもあるが、命終つてのちの罪報は更に重く酷烈である。光明なき幽冥の世界を流轉してその苛責を受ける有樣は、恰も現世の法律によつて牢獄につながれ、獄卒にさいなまれ、極刑に處せられるにもまさる苦患である。火に燒かれ、刀槍によつて斬り裂かれ、血塗れになつてのたうち廻る塗炭の苦しみこそこれである。

假令、身を變え、形を改め、別な世界に生を受けて、その壽命はあるひは長く、あるひは短く、その生によつて定つてはゐないが、魂はやはり前世の罪惡を記憶してゐて、自然にその苦患の中に赴き、罰を受けねばならぬ。

自分はたゞ獨り生れるのではあるが、宿怨のあるものは、いつまでもこれに相對し、相伴つて生れ、互に仇を復し、敵對し合つて、血で血を洗ふの慘劇を招き、つひにやむ時がないのである。しかも惡業が盡きない以上、その宿敵と離れることができず、いくたび生を變えて生れ代り死に代りしても、その陰慘な鬪爭の苦しみから脫け出ることができず、とうてい解脫を得ることなど望むべくもない。まことに痛ましい限りではないか？

しかしながらこれ卽ち天地自然の理法なのであつて、過去の罪業は假令、目のあたり直ちに報復を受けないにしたところが、早晩必ずそれ相應の報ひを受けることは掌を指すが如く明かである。

これを世に第一の大惡といひ、それに伴ふ苦患といふのである。その苦痛は恰かも大火の身を燒くが如くであり、酷烈この上もない。

さうは言ふものの、若し人、その業火の唯中にあつても、ひたすら心をしづめ、身を淸く持し、行を正しくしてひとり善事に勵み、もろもろの惡を遠ざけるならば、その身は生死の罪業を脫れて眞實の福祉を得、淨土に生れて涅槃の境界に入ることができるであらう。これを目して第一の大善といふのである。」

釋尊は更に續けて仰せられた。

「彌勒よ、それでは世に謂ふ第二の惡とはそも何であらうか。今よりそれを說くであらう。世間の人々は君臣、父子、兄弟、夫婦、家族の者など、その身分の如何に拘らず、ともすれば、その者の當然踏み行ふべき道に戾り、掟に順はうとはしない。

奢侈に流れ、淫欲に耽けり、放埓であつて、それぞれ身勝手な快樂を追ふを事としてゐる。自分の氣の向くまゝに我儘な振舞をし、互に欺き惑はし合ひ、その言ふところと內心思ふところとはうらはらで少しも實意がない。人前を飾り不誠實で、巧みな言葉をもつて人の氣嫌をとり、僞りと諂ひばかりである。

賢い者を嫉み、善い行ひに難くせをつけ、無實の誹《そし》りを構へて人を陥れんとしてゐる。上に立つものは兎角、暗愚であつて姦佞の輩を重用し、下の者は主人の不明に乘じて勝手氣儘に小細工を弄し惡事を企んでゐる。たまたま淸節であり有能であつて、天下の形勢に通じてゐる臣下があつても、上に立つものが不明であれば、結局、姦臣のために欺かれる。

忠良な臣下は、腹黑い者のために讒言により通ざけられ斃されてしまふ。すべては天の道に戾《もと》り、臣は君を欺き、子はその父を欺く。兄弟や夫婦、親しい友人の間柄であつても、互に欺き裏切り合つてゐる。

それぞれ心に貪欲、憎惡、痴情を懷き、みな自分自身の欲得のみに走つて、少しでも多く己の利益をはからうとし、その利己的な事に於ては貴賤貧富の別なく同樣である。かくて家は斷絕し、身は亡ぶも目前の利益のためには前後をわきまへる分別なく、一家一門悉く共倒れとなるのである。

ある時は一族、朋友、郷黨の者、あるひはまた市井の愚民、田夫野人などが徒黨を組んで事を構へるが、やがては互に利害が衝突し、怨恨を抱いて永く忘れることはない。

その身は富裕であつても、物惜しみして貧しい者に施すことなく、徒らに財貨を蓄積し、物があり餘つてゐるのに些かでもそれ失ふまいとして身を苦しめる。しかしながら、臨終にあたつては、それらの何一つとして頼みに足る物なく、肉親、眷族《けんぞく》、召使達の誰一人として隨ふものなく、生れた時と同じくひとり淋しく世を去るのほかはない。

ただ生前に行つた善惡禍福の報ひだけは死後もなほ免れる事ができず、ある者は淨土に生れ、ある者は苦海に沈むのである。その時になつて悔いても後の祭で何の甲斐があらうか？

このやうに世間の人々の心は愚かであつて、智慧淺く、善行を見てこれを模範として勵むよりは却つてこれを憎み謗り、むしろ事に誘はれて不法な行ひをなし、つねに邪まな心を懷いて他人の利益を掠め取らうと狙つてゐるのである。

たまたまそれを手に入れる事ができても、忽ち費《つか》ひ果し、再び他人の物を狙ふにいたる。そしてその不正を誰かに氣づかれはしまいかと常に他人の顔色を窺つてゐる。しかし豫めふかい思慮分別があつて行ふ事ではないから、多くは思ひがけぬ結果となつて臍《ほぞ》を嚙むことになる。

この世には現に國法による牢獄があつて、そこに繋がれる身となるが、それのみならず死後にもその罪によつて、地獄、餓鬼、畜生などの三惡道に墮ち、罰を受けることになる。それといふのも前世に於て道德を信ぜず、善根を積まないからであつて、いつまでも惡事をくり返すのである。

その惡事は一々、天地神明の記錄するところとなつて、極印を押され、生命終つてのち、魂は惡道に墮ちて苦患に逢ふのである。それ故、自然の理法によつて、限りなき塗炭の苦しみを受け、苦界を流轉し續けて、いくたびか生を變え、生れ代り死に代りするも、未來永劫、その苦患から脫れでる時がなく、とうてい解脫などは望むべくもない。

その痛ましさは言ふもおろかであるが、これ卽ち、第二の大惡であり、またそれによつてもたらされる第二の苦患なのである。その苦痛は恰も大火の身を燒くが如くであり、酷烈きわまりない。

しかしながら假令、かくの如き惡人ではあつても、若しその業火の唯中にあつて、ひたすら心をしづめ、身を淸く持し、行ひを正しくしてひとり善事に勵み、もろもろの惡を遠ざけるならば、その身は生死の罪業を脫れて、眞實の福祉を得、淨土に生れて、涅槃の境界に入る事ができるであらう。これを目して第二の大善といふのである。」

釋尊は更に續けて仰せられた。

「彌勒よ、さて世に謂ふ第三の惡とは何であるか。今より引續き說くであらう。世間の人々は相寄り相助けて、天地の間に生活してゐるのであるが、何人もその壽命は百歲を越えることは難く、一生は瞬目のうちに過ぎ去るのである。人々の中には上には賢明なる者あり、高貴なる者あり、富裕なる者あり、下には貧困なる者あり、卑賤なる者あり、無能なる者あり、愚昧なる者あつていろいろであるが、その多くは心善からずして、ともすれば道ならぬ思に耽けりがちである。

その人々はつねに淫逸なる事に心を勞して胸中の煩悶の絕ゆることなく、愛欲に惱亂して恰かも憑かれた者の如く、立居振舞も落着かず身の安まる時とてない。その色欲をみたす費用を求めるがために貪婪となり、財貨を惜しみ、勞せずして得ることのみ考へてゐる。

容貌美しき相手を見れば、人前も憚からず秋波を送つて媚態を呈し恥を知らない。自分の配偶者を厭ひ憎み、情人の許に出入して家を留守にし、家計を顧ず遂には不法な手段に訴えるやうになる。

その擧句は無賴の者どもの仲間入りをして果し合ひをし、無意味に他人を殺傷し、他人の物を略奪するなどの不法を働く。かゝる惡事に日を送つて、肝腎な自分の本業は捨てて顧みない。やがては竊盜、横領などの破廉恥な罪を犯して、放蕩の費用にあて、他人を恐喝したり、脅迫したりして僅かに妻子に給與するやうになる。然も放縱無賴、その當人は何ら恥づる色なく、快樂に耽けり、自らそれを快しとしてゐる。

親や年長者の意見を聽かず無禮な振舞をするので、親類中の厄介者となり、家族の者達はそれを恥ぢてつねに肩身狹い思をしてゐる。國法をも畏れず、相手かまわず惡事を働くのであるから、かくの如き者は人類中での極惡人として、世間の人々のみならず、地獄の鬼にまで名を知られるにいたるのである。

しかしながら天道はつひにこれを許さず、日月照覽し、神明の銘記するところ、自然の理法によつて死後は限りなき塗炭の苦しみを受け、苦界を流轉し續けて、いく度が生を變え、生れ代り死に代りするも、未來永劫、その苦患から脱れる時はない。とうてい解脱は望むべくもないのである。

その痛しさは言ふもおろかであるが、これ卽ち第三の大惡であり、またそれによつてもたらされる第三の苦患なのである。その苦痛は恰も大火の身を燒くが如くであり、酷烈きはまりない。

しかしながら假令、かくの如き惡人ではあつても、若しその業火の唯中にあつて、ひたすら心をしづめ、身を清く持し、行ひを正しくしてひとり善事に勵み、もろもろの惡を遠ざけるならば、その身は生死の罪業を脱れて眞實の福祉を得、浄土に生れて涅槃の境界に入る事ができるであらう。これを目して第三の大善といふのである。」

釋尊は更に續けて仰せられた。

「彌勒よ、さて第四の惡とは何であるか。今よりそれを說くであらう。

世間の人々は善根を積むことを思はず、却つて互に教唆し合つてもろもろの惡事をなす。例へば二枚舌を使ひ、人を中傷し、好んで長廣舌を振つて人を欺き、あるひはたゞ人を驚かすために奇矯な言辭を弄する。あるときは甘言を以て人を籠絡し、またあるときは讒誣を以て人を陷れ、やがては闘争を事とするにいたるのである。

善人を憎み妬んでこれを誹謗し、賢者を譏つてこれを失脚させながら、これら小人はそれを傍觀して嘲笑つてゐるのである。しかもこのやうな人間に限つて親をないがしろにし、目上の者、教師、先輩をあなどり、友人に對しても信義を守らず、一片の誠實すら持ち合せてゐない。

しかも飽くまで傲慢不遜で、自分一人、道義をわきまへたものと錯覺し、横柄な態度で威張り散らしては調子に乘つて人を侵害する。また、自ら反省することを知らぬので、惡事をなしても恥ずる心がないのみか、厚顔にも強引に人の賞讃を要求するのである。

もとより天地神明を畏れず、善事を行ふことなどは心にもなく、どうにも手のつけられぬ手合なのであつて、自分だけが常に正しいと思ひ込み、人の世の儚なさや、生老病死のありさまを見ても憂ひ惱むといふことなく、つねに慉慢な態度で終始してゐる。

だがこのやうなもろもろの惡業を天は見逃す筈はないのであるが、たゞ前世に修めた小善の故に、その果報に支えられ、辛ふじて蹉跌を免れてゐるに過ぎない。やがて今生の惡業によつて前世からの幸運は盡き、もろもろの守護神もつひにはその身を離れて助けるものとてなく、行末は廣い天地の間に寄る邊なき孤獨の身を喞つやうになる。

かくて壽命盡きればもろもろの惡業の結果として、死後の世界の刑罰は大擧して身に迫り來り、その者を拉して地獄に赴かしめるのである。

その惡名は既に神明によつて記載されたところであるから、自然の理法によつて罰せられ、罪の報ひを免れることはできず、前世の業によつて焦熱地獄の苦しみを受ける。そこでは身も心も虐まれ打ち砕かれて苦患は譬へようもなく、その時にいたつて悔ゆるも、もはや取り返しがつかぬ。

天道、自然の理法は些さかの狂ひもなく實現して、惡人は限りなき塗炭の苦しみに墮ち、苦界を流轉し續けて、いくたび生を變え、生れ代り死に代りするも、未來永劫、その闇黑界から脫れ出づる時なく、とうてい解脱は覺付かない。

その痛ましさは言ふもおろかであるが、これ即ち第四の大惡であり、またそれによつてもたらされる第四の苦患なのである。その苦痛は、恰も大火の身を燒くが如くであり、酷烈きわまりない。

しかしながら假令、かくの如き惡人であつても、若しその業火の唯中にあつて、ひたすらに心をしづめ、身を淸く持し、行を正しくしてひとり善事に勵み、もろもろの惡を遠ざけるならば、その身は生死の罪業を脫れて、眞實の福祉を得、淨土に生れて涅槃の境界に入る事ができるであらう。これを目して第四の大善といふのである。」

釋尊は引き續いて仰せられた。

「彌勒よ、さて最後に第五の惡とはそも何であらうか。今よりそれを說くであらう。

世間の人々は放逸怠惰であつて、ともすればほしいまゝに遊行徘徊し、物見遊山に日を送り、善を行ひ身を治め生業を學ぶことを怠りがちである。

そのため家族や係累の者達が困窮して饑に泣いてゐても、一向に頓着せず、たまたま父母がそれを見かねて諭しにかかると、忽ち眼を怒らし聲を荒げてそれに逆らふといふ有樣である。暴言を吐いて父母に口答へし、その意見には少しも耳を傾けやうとはしない。それは恰も仇敵の如くであり、むしろ子なきに如かずとの感を抱かせられるのである。

そのやうな人間は物事に節度がないから、人々から疎んじられ嫌はれる。恩義を思はず。受けた恩に報ゆる氣もなければ、借りたものを返すでもない。貧困はいつもの事で生活能力を有たず、筋の通らぬ無心をしては勝手氣儘な遊興に使ひ果してしまふ。

このやうに勞せずして財を得る事が習慣となり、得たものは自分の懷に入れるだけで、それはすべて酒食の代にあてる。酒に醉ひ痴れ、美食を嗜み、暴飲暴食して遊蕩三昧に耽けり、頑迷でものの道理も人情も解せぬに拘らず、何につけ我を張つて人と衝突する。それを抑制する氣持は少しもなく、人の善事はすべて妬み憎んで、無禮な態度で人に接し、約束は少しも守らず、誰はばかるところがない。しかもそれを當然の事として自認してゐるので、他から忠告する術もない。

自分一人は贅澤してゐるが、妻子や系累の暮し向きなど念頭になく、父母の恩を思はず、師匠や友人との間の信義など更に心得ない。つねに邪念、妄想に耽けり、口を開けば他人を誹謗し、言ふ事なすことまともな事は一つもなく、曾つて一つの善事を行つた例がない。

もとより古の聖人や諸佛の教法など信じてはゐないから、修道に努め淨土を願ふなどは夢にも思はない。死ねばそれつきりだと小賢しく考へてゐるので、來世を信ぜず、死後も魂の生を變へて生れ變る事を知らず、善因善果、惡因惡果といふ自然の理法に就いても盲同然である。

このやうな人間はともすると、教法に反いて聖者に害を加へ、教團の不和を助長して僧侶達を爭はせ、父母、兄弟、家族の者達を殺す事すら辭せない。かくては家族の者達も手に負へなくなり、その當人の死を願ふやうになるのも無理のない事と言はねばならぬ。

だがよく考へて見るなら、世間の人々は多かれ少かれみなこれと似た考を懷いてゐるものである。

暗愚にして道理に昏く、自身の淺薄な智慧を以つてしては、自分は果して何處より來り、死んでのちは何處に赴くかを知る事はできない。慈悲心なく、教法に順はず、何處までも自然の理法に逆つて行くのである。

しかもみな萬が一の幸運を頼んで、長生を願つてはゐるが、人によつてほんの僅か遲いと速いの差別はあつても何れにしろ、生あるものはすべて例外なく死の中に呑み込まれて行く。

そこで佛は慈悲の心をもつて、ねんごろに教へさとし、人々に善心を起さしめ、生死の流轉や善惡の因果に就いて說き示すのであるが。人々はみな自分のなまなかな知識に捉はれてゐて、心は傲り容易にそれを信じようとはしない。いくら懇切丁寧に語り聞かせてやつても徒勞であり、わざと心を頑にして、その教をば受けつけようとせぬ。

かくてつひに生命の終らんとする際にあたつて、人々ははじめて後悔したり、怯《お》ぢ懼れたりするのであるが、それではもはや遲いのである。生前、善根を積むこともせず、いまわの際に臨んで悔悟したところが及ぶべくもないのは當然のことである。

天地の間には地獄、餓鬼、畜生、人間、天上の五つの世界は明らかに分れてゐて、その境界は森林の如く奥ふかく、大海の如く廣大に、雲煙の如く茫漠としてゐる。善惡の業によつて、來世で受ける禍福は自ら異るも、結局、それはこの一身に引き受けねばならぬのであつて、誰も自分に代つてその責任をとるものはない。かくてわれわれはこの際涯も分らぬ五つの世界を、唯一人、過去世の業を負ひながら行方も知らぬ流轉の旅を續けて行かねばならぬのである。

その事はすべて自然の理法なのであり、前世の所行に應じて、死後の刑罰は何處までもつきまとひ、それを免れる事はできない。

善人は善を行つて現世の樂を終れば來世には安樂淨土に往生し、明るい現世の生活から無量光佛の光り輝く國土に移り住む。一方、惡人は惡を行つて、現世の苦しみを終れば來世には地獄の苦患を受け、暗い現世の生活から幽闇な冥界を果しなく流轉し續ける。

それを知るものは誰もない、たゞ佛のみこれを知り給ふて教法を說き、自然の理法を示されるのであるが、それを信ずるものは甚だ稀である。

生死の流轉はつひにやむ時なく、惡道に墮ちる者の數はいつかな盡きるときがない。これが世間の萬人の身の上なのである。このやうな人々に就いてはここに詳しく語り盡すことは難しい。かくて惡人は火と刀槍と流血とのかぎりない塗炭の苦しみに墮ち、苦界を流轉し續けていく度か生を變へ、生れ代り死に代りするも、未來永劫、その苦患から脱れでる時なく、とうてい解脱は覚付かないのである。

その痛ましさは言ふもおろかであるが、これ卽ち第五の大惡であり、それによつてもたらされるところの第五の苦患なのである。その苦痛は恰も大火の身を燒くが如くであり、酷烈きわまりない。

しかしながら假令、かくの如き惡人であつても、若しその業火の唯中にあつて、ひたすらに心をしづめ、身を淸く持し、行を正しくして、言葉と行ひと背馳することなく、なすところすべて誠實にあふれ、語るところは時を經ても變らず、口にするところと心に思ふところと矛盾せず、ひとり善事に勵んで、もろもろの惡を遠ざけるならば、その身は生死の罪業を脱れて、眞實の福祉を得、淨土に生れて涅槃の境界に入る事ができるであらう。これを目して第五の大善といふのである。」

釋迦牟尼佛は彌勒菩薩に向つて更にかく仰せられた。

「彌勒よ、いま我が汝等に語つたところのこの世の五惡によつて生ずる苦患は以上の如くである。

これらの苦患は生を變へても盡きることなく現はれるのであるが、それにも拘らず人々はもろもろの惡事を行つて、善事に勵まうとはせず、みな悉く自然の理によつて、惡道に墮ちるのである。

あるひはこの世に於て先づ生れつきの業病を患ひ、死ぬにも死ねず、さりとて生きようにも生きられぬといふ破目になつて、過去世に於ける罪惡がはじめて明らかになり、衆人の見せしめとなるのである。死後は生前の行ひに應じて三惡道に墮ち、その苦痛ははかり知れず、自ら身を燒くが如き思ひがする。このやうな狀態が久しく續いたのち、再び人間に生れても、過去世の怨は消えず、敵同志に生れ合つて、最初は些細な事に端を發し、つひに大破局を招くにいたるのである。

それといふのも前世に於て財貨を貪り、物惜しみをし、他人に施し惠むことを知らず、あるひは痴情に迷つて、その執念は蛇の如く蟠つたまゝ解けることなく、自分の利益のみ圖つて他人と諍ひを起し、他の事をすべて顧ないからである。

たまたま富貴の家に生れて、一時の榮華を樂しむことがあつても、それに耽溺して放縱に流れ、節度を守ることができず、善事に努めず、やがてそのやうな幸運の日もいくばくもなくして過ぎ去つたのちは、身は窮乏して落魄の身となり、衰運は年とともにいよいよ劇しくなる。

自然の理法は目に見えぬながら網の目の如く、八方に張りめぐらされてゐて、いかなる小惡も洩れなく糾され、何人もそれから免れることはできない。かくて惡業を作つた人々はみな例外なく孤影悄然として、その寄る邊なき身を自然の理法に委ねばならぬのである。これは今も昔も變らぬ嚴肅な事實であるが、まことに痛ましく悲しい限りではないか。」

釋尊は更に彌勒菩薩に向つて說き續けられた。

「彌勒よ、世間の人々の有様は今述べた如く悲慘なものであるから、佛はこれを哀れみ、嚴しい法の力を振つてもろもろの惡を打ち碎き、あらゆる人々を善に赴かしむるものである。妄想を捨てて佛の諭すところの戒律を守り、修道に努めて法に違はないものは、やがては救はれて、涅槃に入ることができよう。」

釋尊は更に仰せられた。

「彌勒よ、汝及び現在この世に住む人々及び後世の人々も、よくこの經典の言葉を聽いて熟考し、心をこめてこれを實踐しなくてはならない。上に立つものは率先して善事を行ひ、その臣下や子弟を感化し、互に語り傳へてそれぞれ自分の行を正しく守り、聖者を尊敬し、善行を重んじ、慈悲、博愛を旨として、佛の說かれた誡めを破ることなく、淨土に生れることを願つて生死の迷ともろもろの惡のよつて來る根源を斷ち、地獄、餓鬼、畜生の限りない苦患から脫け出さねばならない。

ここに於て汝等は廣く德を養ひ、恩澤を施し、佛の定められた掟を破つてはならぬ。苦難を耐え忍び、道を求めて怠らず、禪定と智慧とをもつて互に敎化し合ひ、その感化をしだいに遠いものにまで及し、誠心誠意、德行と善事に努めて、ほんの一日一夜の間でも身を淸淨に持するならば、無量壽佛の淨土に於て百年の善をなすにまさるのである。

何となればかの佛土に於ては何らの努力なしに自然に善根を積むことができ、毫末の惡事も見る事はできぬからである。またそれと同じくこの現世に於て僅か十日十夜の間でも善事に努めるなら、諸佛の國土に於て千年の善を積むにもまさつてゐるのである。

何となれば諸佛の國土では善を行ふものは多くして惡をなすものは甚だ稀だからであり、そこでは何人にもしぜんに德と福祉とが具つてゐるのであつて、惡事を行ふ餘地がないからである。唯この現世のみはそれとは逆で惡のみ多くはびこり、善事がしぜんに行はれるといふわけには行かぬ。

世間の人々は煩悩に憑かれていたづらに心を勞し身を苦しめ、互に僞瞞しあひ、目前の快樂に醉ひ痴れて、實は苦汁を呑み、毒を食らひながら氣づかずにゐる。かくして慌しくその日暮しをしながら一日として心を安んじる暇もない。

我は汝等衆生を哀れんでねんごろに誡めさとし、善事に努めることを敎へるものである。それぞれの器量に應じて蒙を啓き、敎へ導き法を授けるから、それを受け入れぬものはない。何人もその願ふところにしたがつてみな悟りを得させるのである。かくて佛の遍歷するところは津々浦々にいたるまで、その敎化を受けぬ處はない。

天下は和やかに治り、日月の光に曇りなく、氣候は温順で、風雨はほどよく巡り、災害疫病の類は起らず、國は富み、民安らかに、兵戰は長く絕えて干戈を交へることなく、德を敬ひ仁を與して禮節を守らぬ者はない……。」

釋尊はそこで聲をあらためてこう仰せられた。

「我の汝等衆生を慈しみ哀れむことは、まさに父母のその子を思ふにもまさるものである。いま我この世に佛となつて、汝等の罪業をばそれに伴ふ苦患とともに絕滅し、法力をもつて惡をくじき、生死の迷夢を破つて永遠の生命に昇らしめんとす。

しかしながら我この世を去つてのちは、この經の精神もしだいにすたれ、人々は僞善に墮ちて再びもろもろの惡事をなし、それのもたらす苦患を受けるであらうことは、今しがた說いた如くである。しかも時が經つにしたがひそれは愈々劇しくなり、いまはそれを詳しく說く暇もないほどである……。」

釋尊は彌勒菩薩に向つて仰せられた。

「彌勒よ、汝等おのおのよくこの事を心にとどめこの敎法に說いた如く、わが誡めに背いてはならぬ。」

ここに於て彌勒菩薩は、佛に向つて合掌しながら申し上げた。

「世尊の說かれたところは、まことに行き屆いた御懇切なお諭しでありまして、われわれ一同ふかく感銘に耐えぬものがあります。世間のものたちの有樣はまさに仰せの如くであり、世尊はいまこれを病める愛兒の如く思ひ倣され、悉くその罪業から救ひ出されたのでございます。重ね〴〵のお諭しを受けましたからには、何とてそれをおろそかにいたしませうか、誓つて違背いたしませぬ。」

釋迦牟尼佛は次に不肖阿難を召して仰せられた。

「阿難よ、起ちて衣服を整へ形を正し合掌して無量壽佛を禮拜せよ。十方世界の諸佛、如來方はつねにかの佛の宏大無邊なる高德を讃嘆、崇敬しておられるのであるぞ。」

こゝに於て不肖阿難は坐より起ち、衣服を整へ、形を正し、西に向つて恭しく合掌し、地にひれ伏して無量壽佛を禮拜しつつかく申し上げた。

「世尊よ、願くば無量壽佛の安樂淨土及びそこに住むもろもろの菩薩、佛弟子方のお姿を目のあたり現はし給はんことを……。」

自分がこの言葉を言ひ終るやいなや、無量壽佛は直ぐさま大光明を放つてあまねく一切諸佛の國土を照らしたまふた。目を上げると大雪山も須彌山もそれをめぐる山々も、一切萬物が悉くその中に現はれて、等しく金色の色に輝いてゐる。それは恰も、この世界の終りに起るといふ大洪水が天地を浸しその中に一切のものが姿を沒し去り、淼々《べうべう》として涯しなく漂へるを見るが如く、その大光明に蔽はれてゐるのであつた。

その大光明の前にはもろもろの菩薩や佛弟子達の光も月の前の星の如くその輝きを失ひ、たゞ無量壽佛の光明のみが、くまなく十方世界に耀きわたつてゐるだけであつた。

その時、不肖阿難は、無量壽佛を拜み奉るにそのお姿は恰も千古の雪を頂いた高峰が群山を壓して中天高く聳え立つが如くおごそかであり、そのお顔の氣高いさまは日月の光にもまして譬へようのないほどであつた。同時に私はまたその淨土の光彩陸離ある有様、そこに集ふ大衆の姿をも見る事ができた。それはたゞ私のみではなく、その時その場に居合せる佛弟子達も一様に拜み奉つたところなのであるが、不思議にも私はその莊嚴な無量壽佛の淨土の中に、この靈鷲山下に於ける釋迦牟尼佛の説法の會坐を恰も鏡に映す如くありありと見る事ができたのであつた。

釋尊は再び彌勒菩薩及び不肖阿難に向つてこう仰せられた。

「汝はいまかの淨土の有樣を見たであらうが、そこの大地から煩惱を斷じた者の住むといふ淨《じよう》居《こ》天にいたるまで、その中のあらゆる清淨、莊嚴、微妙なものの姿をよく見る事ができたか」

「仰せの如く既に拜見いたしました」

と不肖阿難はお答へした。

「汝はまた無量壽佛の大音聲が、十方世界に響きわたつて法を説きひろめられ、一切衆生を教化されるのを聞くことができたか」

と釋尊はお尋ねになつた。

「はい仰せの如くでございます」

と不肖阿難は再びお答えした。

「それではかの淨土に住む者達が幾百千里もある七寶の宮殿に乘つて、自由自在にあまねく十方世界に赴き、諸佛を供養してゐる有様を見る事ができたかどうか」

とのお尋ねに私は確かにそれを見た由をお答へした。

「それでは聞くが、かの淨土に住むもののうち、この現世の人間とおなじく女性の胎内から生れた者があるのを見たかどうか」

「既に拜見してをります」

「そのやうな胎生の者ですら、かの淨土では百里、あるひは五百里にわたる壯大な宮殿の中に住んでおのおの自然に帝釋天の喜見城に於けるが如き快樂を受けてゐるのである」

と釋迦牟尼佛は仰せられた。

その時、彌勒菩薩は坐より立つて釋尊におたづねした。

「世尊よ、等しく淨土の民でありながら、彼の國に胎生のものと自らの作つた德により忽然として生れた化生のものの差別のあるのはそも何の因緣によるのでありませうか」

釋尊はこれに對し彌勒菩薩に向つてこう仰せられた。

「佛の敎へるところをそのまゝ信ぜず、つねに疑惑を抱きながら、自分の獨斷的な修行によつて淨土を願ふものが胎生を得るのである。それらの人々は佛の四つの叡智、即ち人間の思慮分別を超えた智慧、人間の言葉にて盡し得ないふかい智慧、大所高所に立つた宏大な智慧、比類なき無上絕對の智慧などを了解することなく、これらの叡智に對して疑ひを懷きながら、しかもなほ因果の理法だけは信じ、淺薄な善惡、禍福の見に捉はれて、身の安全のためにのみ、善事を行ひ、往生を願うものである。かゝる人々はなるほどその善行の報ひによつて、かの淨土の宮殿に生れはするが、その德のいたらぬため五百年の長きにわたつて、無量壽佛を拜することができず、敎法を聞くことができず、菩薩、佛弟子、聖者達に逢ふことができず、人間と同じ母胎から生れたまゝの不自由な身體を持ち續けねばならぬ。それ故にこの人々をかの淨土に於ける胎生の者といふのである。だがこれらの人々と雖もひとたび佛の叡智、何ものにもまさるその叡智を信じ、もろもろの善根を積み、心機一轉、差別の行を捨てて眞如を行ずるならば、忽然と七寶蓮華の中に自在の生を受け、そこに端坐したまゝ、一瞬の間に、その身體から放つ光明も、智慧や功德も、もろもろの菩薩の如く兼ね具はり、正覺を成就するにいたるであらう。

また汝、彌勒の如く、他方佛土のすぐれた菩薩達が一心に無上道を求める心からして無量壽佛を拜し、うやうやしく佛前に供養したてまつり、おなじ供養をその國のもろもろの菩薩や聖者にまで及さうと欲するならば、やはり命終つてのち無量壽佛の淨土に生れ、七寶蓮華の中に自由自在の境地を得ることができるであらう。

彌勒よ、よく心得るがよい。かの自在の境地にある化生のものは智慧すぐれてゐるに對し、この胎生のものは智慧いたらずして、五百年の長い間、淨土にあつてもなほ無量壽佛を拜することなく、敎法を聞くを得ず、菩薩その他もろもろの聖者達に會ふことなく、佛を供養することもできず、功德を修めることができずに孤獨の中に暮さねばならない。それといふのもこの人は前世でさかしらな我見に捉はれ、佛の叡智に對して疑を懷いたからである」

釋迦牟尼佛は更に彌勒菩薩に仰せられた。

「彌勒よ、轉輪聖王の宮殿には別に七寶で出來た華麗な宮室があつて、善美を盡し、床を寶石でたゝみ、金繡の帳《とばり》を懸けめぐらし、絹の天蓋や幡《はた》をもつて飾り立ててあるが、淨土に於ける胎生のもののありさまは、恰も、この轉輪聖王が罪を犯した王子達を宮室に幽閉して金の鎖で繫ぎ、美衣美食を給し、きらびやかな家具調度や、香華、樂器など何不自由なく與へてゐるにも似てゐる。

それは見たところ王自身の生活と變りないほどであるが、ところで汝はどう思ふか？　王子達はたしてこのやうな所に行くことを願ふであらうか？」

「いえ、それどころではございません。そこに幽閉された王子達は假令、どんな豪奢な生活ができようとも、あらゆる手段を講じ、全力を盡してそこから脱出しようと試みるに違ひありませぬ」

と彌勒菩薩はお答へした。

釋尊はそこで彌勒菩薩に仰せられた。

「むろんさうに違ひない。佛の智慧に疑を懷きながら淨土に生れたかの胎生の者たちもまた同様である。彼等には特に刑罰といつたやうなものもなく、別にこれと言つて苦痛といふほどのものもない筈であるが、五百年の長きにわたつて、佛、法、僧の三寶に會ふことができず、佛を供養し、もろもろの善根を修めることができぬ、これが最大の苦痛なのである。假令、その他の事はみな申分なく具つてゐるにしろ、しかもそのやうな境界にとどまる事を欲しない。

だがこれら胎生のものも、やがて自らの過誤を知り、ふかく反省、悔悟し、その境界から脱けでることを願ふならば、忽ち思ひ通りに無量壽佛の許に參前して、佛を禮拜し供養し奉ることができるのである。同時にまたあまねく無量無數の諸佛の許に赴いて功德を修めることもできるであらう。彌勒よ、よくわきまへるがよい。假令、菩薩であつても佛の智慧に對して疑ひを懷き、なまなかの自力に執心し、一切をあげて佛に歸一することを知らぬ者は、無上の正覺に入ることができず。眞實の福祉を失ふのである。それ故にまさに諸佛の絶對の叡智を信じて、毫末も疑をさしはさんではならぬ」

彌勒菩薩はそこで最後に佛にお尋ねした。

「世尊よ、この現世から間違なくかの淨土に往生し、再び生死の中に歸らない菩薩は果していくばくございませうか」

「彌勒よ、案ずるには及ばぬ。六十七億にも及ぶ無數の菩薩が、間違ひなくかの淨土に往生して佛と成ることができる。その一人一人は嘗つて汝の如く既に無數の諸佛を供養したものであつて、これらの往生は既に確定されてゐるのであるが、その他にもさらに小善を修め、些細な功德を積んだだけで彼の地に往生する菩薩の數は數へ切れぬほどある」

と釋尊はお答へになつて更に仰せられた。

「しかもたゞこの世界のもろもろの菩薩達だけが淨土に往生するばかりではなく、他の佛土からも同樣に無量無數の菩薩達が往生するのである。

先づ第一に遠照佛の國土であるが、そこには百八十億の菩薩があつて、その悉くが往生する。第二に寶藏佛の國土からは九十億の菩薩が往生する。第三に無量音佛の國土からは二百二十億の菩薩が往生する。第四に甘露味佛の國土からは二百五十億の菩薩が往生する。第五に龍勝佛の國土には十四億の菩薩があつてその悉くが往生する。また第六に勝力佛の國土には僅か一萬四千の菩薩しかないがそのすべてが往生する。第七に師子佛の國土には五百億といふ多くの菩薩があつて、それらもまた一人のこらず往生する。第八に離垢光佛の國土には八十億の菩薩があつて、それもみな往生する。第九に德首佛の國土からは六十億の菩薩がすべて洩れなく往生する。

第十に妙德山佛の國土には、六十億の菩薩があつてこれもまた往生する。その第十一に人王佛の國土からは十億の菩薩が往生する。第十二の佛國は無上華佛の國土といふが、そこには計へ切れぬほど多くのもろもろの菩薩があり、その菩薩達はみな再び生死の世界に退くことのない不退轉の位にあつて、その智慧は萬人にすぐれ何ものをも畏れない。旣に嘗つて無量の諸佛を供養してをり、僅か七日の短日月の間に百千億劫にも及ぶ菩薩行を成就し、あらゆる法を修得してゐる。これらの菩薩もまたむろん往生する。その第十三は無畏佛の國土であるが、そこには七百九十億の大菩薩があり、それに次ぐ菩薩や佛弟子の數は計へ切れぬほどあるが、それらの人々もまた洩れなく往生するであらう……」

釋迦牟尼佛はそこで言葉を更めて、彌勒菩薩に仰せられた。

「これを一言にして盡せば唯これら十四の佛土の中のもろもろの菩薩だけが、往生するばかりではない。十方世界には量《はか》り切れぬ無數の佛土があつて、それらの國々から往生するものの數も同様に計へ切れぬほどある。我たゞ十方世界の諸佛の名號を口にし、菩薩や佛弟子達の無量壽佛の國土に生れるものの數を擧げるだけでも、晝夜休みなく一劫の永きにわたつてそれを說き續けたとてとうてい說き盡すことはできない。我は今汝のためにほんの一例を擧げあらましのところを說くだけである。

流通分

かくて釋迦牟尼佛はこの靈鷲山下の說法も終りに近づいたので、特に彌勒菩薩を召して懇切に諭されたのである。

「彌勒よ、一切衆生のうち誰でも無量壽佛の名號を聞くことを得て、歡びきわまりなく、一念、あゝ有難やとのふかい感激を覺えるものがあるとせば、その人こそまたとない永遠の福祉をかち得たことになるのである。といふのは卽ち無量壽佛のこの上もなく偉大な叡智と高德と能力とがすべてその人の一身に具はるからなのである。

それ故に彌勒よ。假令、三千大千世界が劫火に包まれて一めんの火の海と化すその唯中にあつても、一歩も退くことなくこの教法に耳を傾けよ。この教法を信じて歡喜し、佛の大恩を謝して、これを護持しこれを記錄せる經文を讀誦して末代まで傳へ、佛の說かれた如く修行に努めよ。世に多くの求道の菩薩あつて、飢ゑ渴くが如くこの教法を聞かんと欲するも容易に聞く事を得ず、この經文を求めんとするも得ることは至難である。

一切衆生のうち幸にもこの教法を聞くことを得る者は無上の正覺《さとり》を得て再び生死の迷妄に歸り行くことはない。それ故にまさに心を定めてたゞひたすらにこの教法を信じ、佛の說かれたところをよくわきまへ、經文を護持して、朝夕これを讀誦し、人にも說き自ら率先してこれを行はねばならぬ」

「彌勒よ」と釋尊はその時あらためて慈氏菩薩を呼ばれ、深甚の思をこめて、その愛弟子に仰せられた。

「我はいま一切衆生のためにこの教法を說き、無量壽佛のお姿及び、その莊嚴な淨土の有樣を具さに汝等の目のあたりに置いた。汝等もし求道の志あらば今よりして直ちにこの淨土を希ひ求めよ。また我がこの世を去つてのちと雖も、疑惑の心を起すやうな事があつてはならぬから、この上なほ我がなすべきことがあるなら、躊うことなく我に請ふがよい。何れ末代の世ともなれば教法は亡びすたれ、わが眞意のほども忘れ去られる時が來るであらう。われそれを思へばうたた悲しみに耐えず衆生を哀れみいとほしむの情いよいよ切なるものがある。

それ故に我は慈悲の心もて、特に百年の間はこの經文の失はれざるよう加護を與へるであらう。その間、この經文を見ることのできたものは、その願ひ通りにみな往生を得るのである」

釋迦牟尼佛は最後に彌勒菩薩に向つて、こう仰せられた。

「彌勒よ、佛の在世に會ひたてまつることは至難であり、教法の盛なる世に生れることもまた難しい。諸佛の教法を聞くことも容易でなく、經文を得る事すら困難である。菩薩の眞實の道、卽ち施しを行ひ、苦難を忍び、戒律を守り、求道にいそしみ、心を澄まし、智慧明らにして悟りの彼岸にいたる法を聞くことも成就しにくく、すぐれた賢者にあつて法を聞き、それを行ふこともまたおいそれとはできない。

況してこの經文を聞き、正しくそれを會得し、いつまでもその教を保ち續けることは難中の難であり、これ以上の難事はない。それ故に我は特にこのやうな説法の會座を設け、言葉を盡して説き、心をこめて教へたのである。

必ずわが説くところを信じ、この教に順ひ、法に違ふことなく行つて永久にこれを傳へよ」

世尊がこの説法を終えたまふたとき、はかり知れぬほど多くの衆生が、みな佛とおなじく無上の正覺《さとり》に入りたいとの心を發し、言葉に言ひ盡せぬほど多くの人々が煩惱の迷夢から醒め、透徹した曇りない心の眼を開いて、眞如の姿を見る事ができた。また二十二億の天界及び欲界の住民達は、再びもとの生死の迷ひに還らぬ身の上となり、八十萬の僧達は煩惱を斷じて悟りを開いた。さらに四十億の菩薩はその昇り來つた菩薩の位から退くことのない證しを得て、衆生濟度の德をその身に具へ、やがて無上の正覺をとつて佛となる望みを得た。

その時、三千大千世界は慶びに震ひおののき、大光明はあまねく十方世界に照りわたり、百千の音樂は自然に微妙な音曲を奏し、數限りない妙なる色とりどりの花はさんらんと地に降り注いだ。

かくて釋迦牟尼佛が法を說き終えられたとき、彌勒菩薩をはじめ、他の諸佛の國土から來たもろもろの菩薩、それにこの不肖、阿難にいたるまで、あらゆる佛弟子、大衆とともにみな悉く歡喜せざるものはなかつたのである。（完）

大無量壽經入門

結城令聞

一　大無量壽經が成立した大體の年代

殆んど總ての佛敎の經典は、印度で成立したものであるが、それにも拘らず、印度だけの資料では、どうしても資料不足のため、その成立した年代を推定するのが不充分だと云ふのが、現狀である。大無量壽經には、梵文のテキストが殘つてゐるが、それだけでは、どうしても歷史的な問題を解決することが出來ない。その場合、多くの學者によつてなされる方法は、印度の原典から、中國語に飜譯された、この經典の年代を硏究し、その飜譯年代を基礎として、印度に於ける成立年代を推定しようとする方法が採られてゐる。

紀元一・二世紀頃に、印度で活躍し、多くの著述を著はした龍樹（Nāgārjuna）の著書が、多く五・六世紀頃に、中國語に飜譯せられてゐる事實や、或は又、四・五世紀頃の無著（Asaṅga）や世親（Vasubandhu）の印度の著書が、中國語に飜譯されたのが、多く六・七世紀頃であつた事實を規準として考へてみると、勿論例外はあるにしても、普通一般には、印度で成立した典籍が、中國へ傳はるまでには、少なくとも、三百年前後の年月を經過してゐると考へてよいことになる。別に論ずるであらうように、無量壽經の異譯である平等覺經を、後漢時代に、中國語に飜譯したとする說は信じ難いが、同じく大無量壽經の異譯とされてゐる大阿彌陀經が、呉の支謙によつて中國語譯されたとする說は、學者によつて定說とされてゐる。支謙の飜譯は、222—253の三十餘年の間に行なはれてゐるのであるから、先の規準に従つて、大阿彌陀經の印度に於ける成立を、大体それ以前三世紀、卽ち紀元前一世紀頃であらうと推定するのは、決して根據のないことではない。

殊に龍樹の著書、十住毘婆娑論易行品に、彌陀讃と稱せられる文章が引用されてゐるが、それは、大無量壽經の異譯である平等覺經からの引用であることがわかる。平等覺經は、同じく大無量壽經の異譯である大阿彌陀經より、發展して出來た形式を備へてゐるものであるから、そのもとの大阿彌陀經が、紀元前一世紀、或はそれより以前に出來たものであらうと考へることは、先に述べたように、決して無理な推定ではなく、當然のことと云つてよい。

松本文三郎博士は「極樂淨土論」に於て、彌陀思想は、紀元前三世紀の末葉より、同二世紀の中葉に既に成立したもの、早く考へると、紀元前四世紀位に成立したと考へてもよいと云はれてゐる。又望月信亨博士も、彌陀思想の成立は、佛滅第二・三世紀頃にあると論じてゐる（「宗教界」二巻四號）。

人々の中に生きてゐる思想や信仰が、文献的に整理されて發表されるまでには、相當の年月を經過して後、然も何等かの必要にせまられて具体化するのであらうから、然う云ふ見地からすれば、兩博士の説を以て、早きに失するとは云ひ得ないと思ふ。否私は、それには、阿彌陀佛をどう理解するか、卽ち阿彌陀佛を以て、釋尊と別な他の世界の佛、卽ち釋尊と全く別個な佛と理解するか、或は、後には然う云ふ形となつたとしても、本來は、釋尊を阿彌陀佛と云ふ形で崇敬せざるを得なかつたのだと云ふ理解の仕方、この兩樣の理解の仕方の相違によつて、餘程變つてこなければならないと思ふので、次に私は、大無量壽經の成立以前の問題、卽ち大無量壽經に盛られた、阿彌陀佛信仰の起源の問題、それを考察して置こうと考へる。

二　阿彌陀佛信仰の起源

阿彌陀佛信仰の起源を探るについて、相違した二つの理解の仕方がある。先に述べたように、一は、阿彌陀佛を以て、釋尊とは全く別個な他の世界の佛、釋尊と並列的に理解される阿彌陀佛と云ふ考へ方から出發するものであり、他は、形式的には然うした叙述方法が採られたとしても、それは、人間釋尊が、有限性と云ふ條件に拘束されるから、その拘束を脱するために、然うした形式を採らざるを得なかつたまでであつて、八十歳を一期として終つた釋尊を、永遠の佛陀として內觀せざるを得なかつた、その釋尊、佛陀、それをこそ、阿彌陀佛と稱したのだと云ふ理解の仕方、釋尊と、決して別個の佛陀としてではなく、釋尊を理解する仕方としての阿彌陀佛であるとする理解の仕方から出發する考へ方との、二つの理解の仕方がある。

矢吹博士は、「阿彌陀佛の研究」に於て、「阿彌陀佛及び極樂思想の起源について」と云ふ一節を設け、その下で、古來の學者の説を要約して居られるが、それによると、

1　阿彌陀佛の思想は外來なりとするもの。

2　阿彌陀佛は、印度の內部の思想より起れりとなすもの。

3　極樂は、外來の思想に發せりとするもの。

4　極樂は、印度の內部の思想に起因するとなすもの。

と云ふ四項目に分類し、而して、

1については、

a　アイテルの、波斯、若しくはグノス派、若しくは摩尼教に起源したとする説。

b　ワッデルの、太陽神話の具体化説、波斯教の影響説。

c　エドキンスの、波斯の無限光明神オルムヅよりの起源説。
d　その他、ビール、グリュンウエデル、アラメンヂース等による、各々内容を異にしながら、波斯に起源するとすることに於て一致するもの。
e　ベッタニーの、波斯、亞刺比亞、猶太思想によるとするもの。
f　ロイドのグノス派起因説。
等をあげ、
2について は、
a　ケルンの耶摩起源説。
b　松本文三郎博士の、耶摩、及び大善見王起源説。
c　荻原博士のビシヌ起源説。
d　その他、ジョンソン、ビールの説。
をあげ、而して、
3については、
a　ビールの、アラビヤ沿岸ソコトラ島起源説。
4については、

a　松本文三郎博士の焔摩界、或は倶盧起源說。
b　大村西崖、荻原博士の耶摩起源說。
c　シュミットの色究竟天說。

等を紹介してゐる。

これらの研究は、阿彌陀佛を以て、釋尊とは全く別個な、他方世界の佛とする理解の仕方の下で、阿彌陀佛の起源を考察したものと云ひうる。

これらの碩學による努力と研究とは、後の研究者を稗益し、研究に貢献するところ頗る大なるものがあるが、然し私は、これらの諸研究を以て、直ちに阿彌陀佛信仰の、起源に關する研究と云ふよりも、寧ろ阿彌陀佛や淨土が、如何樣な形で表現さるべきか、その表現の素材についての素材的研究と云つた方が適切でないかと思ふ。

阿彌陀佛信仰――大無量壽經の起源を考察するのについて、私共に一番大切に思はれることは、この經典が、阿彌陀佛という名の下に、意味的に、何を表現しようとしてゐるかを見究めることでなければならない。この經典の編集者は、阿彌陀佛と云う名の佛陀に於て、實に釋尊の眞實なる姿を表出せんことを企圖してゐるのである。と云ふことは、經典自身の立場から云へば、それを畫くための素材が、たとへ何處へつながりを持とうと、結局それは、當時の歷史的諸條件を考慮してのことであつて、歴史的事情を考慮する限り、然うすることが、釋尊の眞面目を、發揮せんとする經自身の目的を遂行するために、最も有効、適切と考へられたから、世界的視野の下に、之を求めて然うしたまでであつて、經自身は、然うすることによつて、よりよく、そしてどこまでも、釋尊につながつていこうとしてゐるのである。この經の成立とか、阿彌陀佛思想の起源とかを、歴史的に論ずる場合、經自身の意圖を拔きにして、增廣されていく素材（勿論、別の意味で重要さはあるが）のみで處理しようとするのは正當でないように思ふ。然う云ふ意味からして、私は阿彌陀佛信仰の起源を探る場合の第二の態度、即ち素材的には、諸種の要素を採用してゐるとしても、それは、人間以上の、無限なる佛陀の自覺內證を感得した佛弟子達が、その絕待性を表現するためには、有限なる人間釋迦の像のままより、無限なる阿彌陀佛の像を採る方が、より以上、佛陀の眞面目を發揮しうるとした、無限なる佛陀の內觀、そこに阿彌陀佛を見出していこうとする態度、それをこそ、經典編集者の意圖を、よりよく究めてゐるものだと考へざるを得ないのであるが、こうした第二の態度、角度から、阿彌陀佛思想の成立を考察すると、この思想の成立起源は、寧ろ佛在世時代に於ける、佛陀の崇高極りない人格と、佛弟子の佛陀への歸依の心とから、それが芽生へたものだと思はれるのであり、それが佛陀の入涅槃によつて、更に強く自覺され、以後、その時その時の、時代思潮とからみあつて發展し、遂に紀元前一世紀頃には、大阿彌陀經と云ふ形に整理され、更に無量壽經と云ふ形に發展せしめられたものだと考へられるのである。

このことは、何も無量壽經だけに限られたことでなく、少なくとも、初期の大乘經典の成立を考へるときには、常にけじめをつけて、考へておかねばならぬ問題である。今日、佛教が本當に活きてゐるならば、必ずマルキシズムや實存哲學を自己に吸収し、消化し、そして、それらを超えて、新時代の自己を形成するであらう。それを以て夾雜物の混入と云ふならば、それは全く歴史の否定、生命の枯渇と云ふより他はない。

學者によつては、阿彌陀佛信仰を構成してゐる素材、大無量壽經に於ける要素の中に、佛教以外の、印度宗教一般の要素や、外國的要素が混入してゐると云ふ見方に立つて、淨土教に對して、佛教發展史上の、庶子的、傍系的産物視せんとするものもあるが、それはまさしく、先に述べた様な、素材と起源とを取り違へた誤りを犯してゐるもの、歴史の歩みに對して盲目なものと評してさしつかへないと思ふ。そこで私は、この經が釋尊へつながつていこうとしてゐる經自身の意圖を明らかにするために、この經を心から信仰し、研究した人々が、この經の意圖する所をどう理解したかと云ふことまでも考慮に入れつゝ、特に次に、釋迦牟尼佛と阿彌陀佛と云ふ問題を取り出し、兩者の關係を考へてみたいと思ふ。

三　釋迦牟尼佛と阿彌陀佛
――阿彌陀佛の歷史性について――

一

こうするのが、佛陀の眞精神を、最もよく發揮するものだと云ふ意圖の下に、無量壽經が結集されたのであらうと云ふことは、前條の如くであるが、具体的に云へば、この經では、そのことを、阿彌陀佛と云ふ名に於て行つてゐる。誰でも、阿彌陀佛と云へば、釋迦牟尼佛とは、全然別な佛陀であると考へてゐる樣であるが、阿彌陀佛を說きあらわしてゐるこの經では、必ずしも然う考へてゐるとは思へない。

増一阿含と云はれる出家教團の經典（巻四十四）をみると、

我が釋迦佛の壽命は極めて長し、然る所以は、肉身は滅度をとると雖も、法身は存在す。

と云つてゐるし、又（巻十八）には、

然るにまた、衆生は如來の壽命の長短を知ること能はず、舍利弗よ、當に知るべし、如來に四不可思議事あり、小乗のよく知るところにあらず。云何んが四となす。世界不可思議と、衆生不可思議と、龍不可思議と、佛土境界不可思議となり。

ともあるし、或ひは又（巻二十一）にも、

如來の壽を短となすや、これ亦不可思議なり、……如來を長壽となすや、これ亦不可思議なり、……かくの如く佛の境界は不可思議なり。

などと稱してゐる。こうした言葉は、その他にも處々に見受けられるが、これらの言葉から推定すると、人間として、八十歳でその生涯を閉ぢた所謂る八十入滅の釋尊を、どう理解すべきかと云ふことについて、佛滅後の弟子達の間で、色々に考へられたであらうことがわかる。現在わかつてゐる色々な考へ方から推定すると、小乗部派の人々の間では、たとへ佛陀であつても、その肉体は、業報である限り、吾々のそれと同じ様に染汚のものであり、その生命は、死を以て永遠に滅無に歸してしまうと考へられたようである。所が、大乗の人々には、然うは考へられなかつたようである。即ち、大乗の人々には、佛陀のさとりの力は、佛陀の肉体そのものについても、本質的轉換を行つたのはもとよりであるが、殊にその人格に至つては、永遠にして無限なもの、即ち、三世常住、周遍法界の身を完成したと感得されたようである。

惟うに、大乘と稱せられる佛敎の興起には、佛陀への理解に對する、部派、即ち出家敎團への批判が、可なり重要な要因となつてゐるが、その大乘の中に於ても、阿彌陀佛の名の下に、永遠なる釋迦牟尼佛を感得していつた人々には、特にこの問題は重大であつたようである。

二

經典はすべて、佛陀の滅後に、佛教徒の手によつて編纂結集されたものである。その場合、編纂者達は、自己が理解した佛陀の精神なり、人格なりを、どうすれば、最も有効適切に表現しうるかについて、必ずや苦慮したに相違ないと思はれる。隨つてそれを表現した經典は、理解者の理解の浅深の程度と、表現方法についての力量の相違によつて、同一の事柄でも、隨分と相違した理解と表現とがなされたであらうことは、容易に推定することが出來る。たとへば、佛陀を拜した佛弟子が、佛陀を、單に、垢じみた衣服をまとつた、とほり一ぺんの人間とより理解出來なかつたものもあらうが、然し又、龍女が法華經で、その佛陀を、微妙淨法身と讃嘆したように、他が垢衣の人間とみた、その同一の佛陀を、永遠の人格、三世常住、周遍法界の身と肝銘したものもあつたわけである。佛陀の人格に對する、兩者の理解の右の如き相違は、それが經典となつて表現された場合、經典相互の間に、亦著しい表現の相違をきたすのは當然である。

佛陀の人格の中から、永遠にして無限なるものを感得した、大無量壽經の編纂結集者達は、永遠にして無限なる佛陀を感得し得たから、肉体の佛陀以外の佛陀、たとひ、佛陀の肉体が消滅しても、消滅したと考へ得ない佛陀の人格を、肉身の佛陀自身の口をとほして、阿彌陀佛と云ふ名のもとに聞くことが出來たのである。この所聞を編纂しようとした人々は、この偉大な人格を、よりよく表現しようとして、國際的な學識はもとより、彼等の知りうる限りの、世界的な全知能を総動員して、大無量壽經の編纂を完成したのである。唐の詩人が、白髮三千丈と詠じたからと云つて、果して三千丈もあつたであらうかと、尺をあてる人があつたとしたら、それこそ噴飯ものである。三千丈は、愁をあらはすための、苦心の表現だと納得出來てこそ、李白の心を讀みとることが出來るのだと知るべきであらう。

三

他の人々が、垢衣をまとつた人間だとみた佛陀を、そのまゝ、永遠にして無限の佛陀と感得したなどと云ふと、如何にも神秘的、觀念的な把へ方で、客觀性に乏しいと云ふかも知れない。人間の存在を、單に生理的にしか理解できない人々から云へば、或は然うであるかも知れない。然しそんな考へ方をしないのが佛教である。

佛教では、それをこそ、疑ふべからざる現實だとしてゐる世界を、假であるとか、虛であるとか、或ひは、迷ひであるなどと稱してゐるが、このことは、これを裏がへすと、常識論者が、觀念的だとか、空想的だとか評してゐる、永遠とか、普遍とかをこそ、眞實だと主張してゐることを、よく理解せねばならない。我々の現實を、虛、假、妄とし、一般に觀念的なものとせられる永遠、普遍こそが、實だとせられる轉換の根據は、宗教實踐、宗教体驗によつて得られるわけであるが、このことは、何も佛敎、宗教の世界の中のみではなく、科學技術や藝能の世界に於ても、亦然うなつてゐる。科學技術や藝能世界でも、科學体驗や藝術体驗、卽ち技術の進步、修業の進展によつて、刻々に、それ以前の理論を實在化し、理論の實在化につれて、以前の事實は、刻々に虛假化してしまう。人間が空を飛ぶと云ふようなことは、昔の人には、空想に過ぎなかつたであろうが、科學技術の進步は、それを實在化し、飛ぶ能はざるものと云つた過去の現實、事實は、今日では虛假化してしまつたのである。過去の科學理論や現實では、鍊金術と云ふ様なことは、一ヶの空想であり、夢であるに過ぎなかつたが、今日の科學理論では、旣にそれが實在化され、不可能とした過去の現實が、逆に虛假化されてしまつている。理論、技術、體驗の深淺、高低によつて、客觀的現實の構造が動いてくることは、何も宗教の世界ばかりではない。

こう考へてくると、同じ佛陀の弟子達の間で、その宗教體驗の淺深の差別によつて、佛陀の人格が、相違した形で把握されていくのは當然である。同一の釋迦牟尼佛を、或る者は垢衣の人間としてしか理解出來なかつた者、或は永遠にして普遍なる人格の顯現と感得されていつたもの、様々な理解の仕方が出てきたのは當然であらう。形式的に整へられると云ふ様なことは別として、法報應の三身說、卽ち、肉身の佛陀に卽して、永遠なる佛陀を感得していく理解の仕方を以て、生のまゝの佛陀の姿でないなどと云ふのは、不遜な言ひ分だと思ふ。

四

肉身の佛陀に卽しつゝ、八十年の生命を超越した、永遠にして普遍なる人格を、阿彌陀佛と云ふ名の下に感得したのが、大無量壽經の編纂結集者だつたわけである。

こう云へば、きつと次の様な質疑を提出されることだと思ふ。卽ち、地上に於ける、肉身の佛陀に卽した永遠なる人格、或は永遠なる人格の、地上に於ける表現としての釋尊と稱してもよいが、その永遠者を阿彌陀佛と云ふのであるならば、この經の結集者達は、法華經の結集者達が、その永遠者を、久遠の釋迦と稱した様に、何故に亦永遠なる釋迦牟尼と云ふ名を以て呼ばなかつたのであらうかと云ふ疑問が起る。釋迦牟尼を開祖とする佛教に於て、釋迦牟尼の名を以てせず、それとは別な、阿彌陀佛と云ふ名で、佛教が信仰せられてゐるのは正當でないと云ふ批難が、淨土教へ向けられることがあるが、もつともなことだと考へる。

こう云ふ質疑を腹に置いて大無量壽經を眺めると、大無量壽經の構造の中に、結集者達が、その永遠なる人格について、永遠なる釋迦牟尼と云はないで、阿彌陀佛と云つた意圖が、よく表はれてゐる樣に見受けられる。

大無量壽經は、中インドのマカダの首都、王舍城の耆闍崛山を舞台として說かれた說法であるが、今日の法筵にも、亦あづからうとして參集した聽衆達が、今やおそしと、世尊の出座を待ちかまへてゐるとき、ふと顏をあげた阿難の眼に映じた佛陀の相好は、身も心も悅びにあふれ、尊高にして高潔なること、明淨鏡が、影像の裏まで映しとる程の氣高さをあらはし、常隨昵近の弟子阿難でさへ、「未だ曾つて殊妙なること今の如くなるを瞻覩せず」と驚歎してゐるほどであつたと云ふのである。尊高限りなきこの瑞相は、三世十方の諸佛にまで感應し、過去、未來、現在の諸佛達も、思はず感に打たれ、今や將に世尊の口をついて現はれんとする法を相念せざるを得ず、世尊も亦自ら、その法を念ぜざるを得ずして之を思念してゐる。その刹那の緊張を破つて說かれていくのがこの大無量壽經なのである。この未曾有の光瑞に接し、希有の心を生じて、たゞたゞ驚歎してゐる阿難に對し、世尊はおごそかに、今こそ自分が、地上に生を受けた願望を、遂げ果す時がきたと稱し、その願望として彌陀の法門を說き出されたのである。阿難が、未曾見と驚歎した瑞相は、願望を成就せんとして、眞實の自己を顯示した佛陀の今日のよろこびの顯はれであつたのである。

經の結構を、こうみてくると、阿彌陀佛と云ふのは、釋迦牟尼佛が、自己自身を語つてゐることになる。眞實の自己を顯出したことになる。更にこの經典の構想によると、今日の法筵に集つた、出家在家の聽衆の性格を規定して、出家教團の人々については、大聖巳達と云ひ、その他の求道者については、皆遵普賢と云つてゐる。そして求道者達の、過去の經歷を述べてゐるのをみると、それらの人々は、何れもカピラ城に誕生して、今日の釋迦牟尼となつた世尊と、同じ經歷を持つものとしてある。言ひ換へると、今日の聽衆は、これまでの釋迦牟尼と、同じ人格內容をそなへている人々であり、そして今日の世尊は、これまでの釋迦牟尼を超えた光々たる相好の世尊となつてゐる。換言すれば、今日の世尊は、戶籍的には釋迦牟尼であるとしても、人格內容的にはこれまでの釋迦牟尼でなく、これまでの釋迦牟尼は、大聖巳達、皆遵普賢の聽衆の方にまわり、今日の世尊は、眞實の自己、永遠なる人格を顯現した、これまでの釋迦牟尼ではない世尊たるわけである。若し說かれる法門について云へば、このことは、今日以前、釋迦牟尼の姿のまゝで說かれた法門は、佛陀が地上に顯現した、最上究畢の目的にかなふものではなく、今日、今や特に說かれんとする法門への段階的なもの、今日の法門こそが、最勝なものだと云ふ構想が盛られてゐる樣に思はれる。

こう考へてくると、釋迦牟尼の眞實なる人格、永遠なる佛陀を、釋迦と云ふ名で呼ばないで、彌陀と稱した消息がわかるようである。何とならば、釋迦牟尼と云ふ名稱は、今日以前の説法の教主、八十入滅の佛陀への名稱であるからであり、その釋迦牟尼を超えたのが、今日の威神きわまりなき世尊であるからである。阿彌陀佛とは、光明無量、壽命無量の佛陀と云ふ意味、永遠の佛陀と云ふ意味であるから、今日の佛陀、戶籍的には釋迦牟尼であつても、その永遠性を感得した人々が、それを阿彌陀佛と稱するのは當然のことである。この結構の中には、同時に、今迄の法門に於てでなく、今日の法門こそが、一代說法中の、最上無上のものたることの意味をも盛りたててゐることは勿論である。之を要するに、大無量壽經に出てくる阿彌陀佛、及びその法門は、釋迦牟尼自身が、自己自身の眞性を開示したものであり、この法門こそが、一代說法中の最上究畢のものたることを、自ら語つてゐる構造となつてゐる。私はこの經に出てくる阿彌陀佛を、釋迦牟尼佛との關連に於て、以上のように考へてゐるものである。

四　大無量壽經が結集せられねばならなかつた歴史的事情

なぜこの經典が、世に出ねばならなかつたかと云ふ、歴史的な事情を探らんとする試みは、ただ單に、無量壽經一ヶの問題だけでなく、實に、初期の大乘經典全般に關連を持つ問題であり、隨つて又、大乘佛教興起の理由につながる問題である。大乘の興起について、從來は、阿含より大乘へと云ふ方向を辿つた。阿含こそが佛說、或は佛說に近く、大乘佛教は後世の夾雜物の附加されたもの、特に淨土教の如きは、その雄なるもの、後世の、夾雜的資料の、累積加重されていく跡づけを試みることによつて、それを論證しようとしてきたようである。だから阿含や、或は部派の說の中に、大乘に似た說、或は進步的と考へられる說があると、それを抽象し、それこそが大乘の起源をなすものとし、內的には、それが漸次發展し、外的には、種々なる夾雜物が加重し、その結果として、大乘の成立となつたものと云ふ樣に、大乘の成立を見出していこうとしてゐる。それも一つの方法であるかも知れない。然し私は、そんな抽象的な方法で、果して大乘の起源や成立を把へうるであらうかについて疑問を持つ。それは寧ろ、阿含に主体を置く研究で、歴史的意味を背負つて興起した、大乘研究の態度ではあり得ないと思ふ。

無量壽經が成立したと考へられる西紀前一世紀頃より、突如、然も陸續として現はれた諸大乘經、即ち、般若、華嚴、法華、維摩等には、それが經典として成立しなければならなかつた、歴史的な契機がなければならなかつたと思ふ。大乘の興起については、經典の資料がどう加重されていつたかと云ふこと以前に、何故にそれが現はれねばならなかつたかと云ふことを把へねば、問題の本質を逸してしまふ。

大乘とか小乘とかと云つても、もともと、佛陀の説法に根據してゐるのであるから、共同的なもののあるのは當然である。阿含の中にも、大乘とか、一乘とか云ふ言葉がある如く、大乘の中にも、例へば最初期に屬する八千頌般若の如き、それは、南方の大衆部を基盤として成立したものだと云はれてゐる如く、大小の兩乘が、極く自然的に結ばれてゐるものもある。然しそれだからと云つて、類似點を抽象的に把へ、何でも、大乘でさへあれば、より以后の成立であるから、より以前の、阿含や部派から出たものであるとするのは、當を得たものではない。私の、こうした考へ方の理解を助けるために、私は、次の様な諸種の事情を紹介したい。

1　佛在世時代の釋迦教團の組織は、出家と在家との兩者から成立してゐた。所が、教團の一員として生活するためには、凡そ二百五十條ほど（女性なら五百條）もあると云はれる戒律を保たねばならなかつた出家と、わずか五條の、それも一般社會人として、當然從はねばならぬ戒めを、戒律としてゐる在家の人々との間には、佛の說法も自ら相違したであらうし、たとひ同一の說法であつたとしても、時代の經過と共に、生活條件の相違からくる自らなる結果として、兩者の間に、理解の相違を來していつたのも當然であらう。

2　セイロンの歷史を書いたマハーヴァンサによれば、佛滅の年、大迦葉が、王舍城の七葉窟で、五百人の比丘を集めて第一回めの經典の編纂會議をやつた。その時、佛弟子の富蘭那は、五百の弟子を率ひて向ひ側の南山に在り、迦葉の編纂したものに對して、食法に關して意見を異にし、自分は、自ら世尊に聽いた通りに行ふと云つて、大迦葉の編纂に同意しなかつたと傳へられてゐる。この事件は、私共に種々の事を敎へてくれる。編纂會議の目的は、釋迦の遺法の編集を第一目的にしたのは云ふまでもないが、それは同時に、敎團の依り所を確立して、敎團の一味和合を意圖したからである。その場合、勿論善意からではあるが、敎團を統制するについて、上座の人々に、都合のよい樣にせられたであらうことは、推測に難くない。

3　今日の阿含は、出家敎團たる部派の傳承したものである。然もその編纂の意圖は、前述の如くであり、又その性格は、大体に於て出家中心的のものである。故に若し、それを以て、當時の佛敎全体を表はすものだと考へるならば、それは偏頗である。何となれば、出家敎團のささへ手として重要な役割をなし、佛の精神を實踐してきた、多くの在家の佛弟子達の存在を、見逃してゐるからである。在家中心の遺法の編纂は、ついになされなかつたけれども、在家の信者達を通じて流れていつた佛陀の精神は、自ら、出家教團のそれと異つた形で、必ずや在家の人々の間に、活潑に繼承されていつたと考へても、何等非理はない筈である。阿含で以て佛說を割出し、そして割切つていく佛敎の把へ方には、片手落ちの缺陷があることに注意せねばならない。

4　初期大乘經典たる般若、華嚴、十地、淨土、法華、維摩等が、世に出だしたのは、右の如く紀元前一世紀頃からだと推定されるが、その頃は、恰も出家教團たる部派の分裂した、最終段階の頃である。換言すれば、出家教團の枯渇時代であつたことは、特に注目せねばならぬと思ふ。

5　その頃世に出た、大乘經典の共通的の性格は、大体に於て、出家教團たる部派への批判、或は反抗が特徵である。然も特に注意すべきことは、それらの多くが、出家教團を地盤としてはどうしても成り立たない、出家教團からは出て來ない性格を備へてゐると云ふことである。

例せば、法華經で有名な一乘三乘思想の如きを、歷史的にみれば、全く部派佛教への批判と云ふことが出來るが、その經典で「小乘に貪著する三藏に親近せざれ」（安樂行品）と云つてゐるのは未だしも、常不輕菩薩比丘が、四衆に對して禮拜を行ふ中の、所謂る俗を禮することの如きは、小乘を立場としてみると、全く破戒行爲となつてゐる。その破戒行爲が、大乘菩薩に於ける善美なるものとすすめられてゐるが如きは、とうてい出家教團や、部派を地盤としては育たない性格のものである。

或は華嚴の入法界品に於ける善財童子は、求道の過程に於て、菩薩、比丘、比丘尼、優婆塞、優婆夷、童男、童女、外道、婆羅門、長者、博士、醫師、船士等に問法をしてゐるが、この問法の相手方の種類についてみるとき、或は又この經の說かれる集會に於て、迦葉や舍利弗や目蓮等の如き、出家の大弟子達が、如聾如啞と稱せられて、經の意味を全然理解することの出來なかつたものとして扱はれてゐることである。

或は又維摩經に於ける如き、出家の大弟子、上座の比丘達が、在家の老翁、市井の一居士維摩から、叱せきされて顏色なからしめられるが如き、これらの構想は、今日の阿含を傳承してきた、出家者たる部派の人々の中からは、とても芽生へてきたり、育つていつたりするものではないと思ふ。否、寧ろ他の地盤、卽ち從來佛教史の表面へ出てゐなかつた、然し嚴然として事實佛教存立のために大きな役割を果してきた、そして出家の樣に理窟を云はないで、社會實踐こそ第一だと、佛陀への信仰と、佛教精神の實踐とを持ち續けてきた、在家の信者群を地盤として生み出されたと考へる方が筋が通つてゐるし、又無理がないと思ふ。

之を要するに、當時の出家教團が、餘りにも佛陀の敎を形式化し、その精神を枯渇せしめ、その眞意から離れ、社會的な指導力を失ひつゝあつたので、それに對して、佛陀の精神を取り戻すためへのレヂスタンスとしてけつ起した、在家の信者群を地盤として（それに革新的な一部の出家が參加したのは勿論であるが）、多くの大乘經典が生み出されていつたのであらうと思ふ。だからどの經典でも、それぞれの角度から、佛陀への復歸と、佛陀の眞精神を把へ、そして表現せんとしてゐる點では一致してゐるのである。かくて大無量壽經の結集者達は、先に釋迦牟尼佛と阿彌陀佛との項で述べた如く、經の開説されんとするや、先づ五德瑞現の釋尊を押し立てて、この經の內容が、從來を超絕した、比類なき尊高にして眞實なるものたることを示し、その尊高なる內容として彌陀法を出してゐるのであり、彌陀法こそが、釋迦眞實の開顯である、こゝにこそ、佛陀最高の眞精神がある、と表示してゐるのである。

五　原典と譯本

一

原典と云ふ言葉の內容――一般に大乘經典では、梵語の典籍を原典としてゐるが、原典と云ふ言葉の意味が、若し譯本に對して、ある譯本のもとになつたものと云ふ意味で使用せられるのであるならば、現在の梵語の無量壽經を、數ある漢譯の無量壽經の原典と云ふのは誤りである。梵語の經典は、無量壽經ばかりでなく、一般に、時代の經過に從つて、或は增廣せられ、或は削減せられ、或は改編せられて、隨分と變形されていくのが普通である。今の梵本の形態は、そうした觀點に立つて考へると、漢譯の古いものよりも新らしい形態を備へてゐる。そうであるから、今の梵本を固定的に考へ、古い時代からそれがあり、それを時代と場所とをちがえて翻譯したのが、數種類の漢譯本となつたのだと考へる人があるならば、それはとんだ誤りである。その意味では、だから今の梵本を以て、數ある漢譯本の原典と云ふことは出來ない。然し若し、無量壽經と云ふ經典は、原始、原形では梵語で書かれたものである。組織形態では、原始原形とは相當の變化はあるが、兎も角言葉だけから考へて、梵語の變へ名と云ふ意味で原典と云ふ意味を用いるのであるならば、原典は存在すると云つてさしつかへはない。編集企劃に「原典と譯本」と云ふ項目があつたから特に原典と云ふ文字を使用したが、梵本と云つた方が明瞭である。

次に、梵本、漢譯、西藏譯、英譯、國譯等の諸本について解説したいのであるが、一番問題をはらんでゐるのは漢譯の諸本であるから、それから始めたいと思ふ。

二

現在存在してゐる漢譯の大藏經には、次のような五種類の異本がある。

一　無量清淨平等覺經　四卷　後漢月支國三藏支婁迦讖譯

二　佛說阿彌陀三耶三佛薩樓佛檀過度人道經　二卷　吳月支國居士支謙譯

三　無量壽經　二卷　曹魏天竺三藏康僧鎧譯

四　無量壽如來會　二卷　大唐三藏菩提流志奉詔譯

五　佛說大乘無量壽莊嚴經　二卷　西天譯經三藏朝散大夫試光祿卿明教大師臣法賢奉詔譯

經題、卷數、撰號等は、何れも高麗藏によつて示したが、宋、元、明等の藏經によれば、第一の平等覺經の卷數が二卷とされて、分卷の仕方が不同であつたり、又撰號等についても出入がみられる。所が、從來漢譯されたこの經は、單に右五種類だけでなく、現在散逸してしまつたものもあつて、存、亡、合して十二譯あつたと云はれてゐる。その中、右の五經が現存し、他の七經を闕いてゐるので、從來、五存七闕と云ふ言葉で、この經の翻譯が表はされてゐる。卽ち十二種類全部を、翻譯の順序に從つてあげると、次の樣になる。

1　無量壽經　二卷　後漢安息三藏安世高譯

＊2　無量清浄平等覺經　四卷　後漢月支國三藏支婁迦讖譯
＊3　佛說阿彌陀三耶三佛薩樓佛檀過度人道經　二卷　吳月支國居士支謙譯
＊4　無量壽經　二卷　曹魏天竺三藏康僧鎧譯
5　無量清淨平等覺經　二卷　曹魏西域三藏帛延譯
6　無量壽經（亦云無量清淨平等覺經）　二卷　西晉三藏竺法護譯
7　無量壽至眞等正覺經　一卷　東晉外國沙門竺法力譯
8　新無量壽經　二卷　東晉天竺三藏佛陀跋陀羅譯
9　新無量壽經　二卷　宋凉州沙門釋寶雲譯
10　新無量壽經　二卷　宋罽賓三藏曇摩蜜多譯
＊11　無量壽如來會　二卷　大唐三藏菩提流志奉詔譯
＊12　佛說大乘無量壽莊嚴經　二卷　西天譯經三藏朝散大夫試光祿卿明教大師臣法賢奉詔譯

となる。＊點を附した2、3、4、11、12の五種は、所謂る五存經で、何れも大正藏經一二、淨土宗全書一、眞宗聖教全書一、等に收められてゐる。

　五存經の最後の、宋法賢譯のものは別として、他の四經、及び七闕經についての決め方は、唐の智昇の開元釋教錄の說によつたもので、七闕經の如きは、同錄卷十四の有譯無本錄（翻譯はせられたが、現物は闕けてなくなつたものの目錄）中に、まとめて出されてゐる。ところが、智昇が然う決めたのは、後に述べる樣に、全く隋の費張房撰、歷代三寶紀によつてゐるのであるから、それらの七闕經は、既に隋代に見當らないものであつたことがわかる。然るに右の如き決定の仕方については、種々の疑問があるので、多くの學者の反對に出逢つてゐる。故にこの際、それらの一々について吟味をし、出來るだけ正確な形として整理して紹介し度いと思ふ。

先づ第一に、智昇の、

無量壽經　二卷　後漢安息三藏安世高譯　第一譯

と云ふのから吟味する。智昇がこれを、右の如く取り決めたのは、實は隋費張房の歷代三寶紀に「初出、別錄に見ゆ」として、こう決めたまでで、當時、勿論現物はなかつた。その房錄に依つただけで、別に確たる根據があったわけではない。ところが、それが問題になるのは、費張房が、別錄と云つてゐるものの實體が不明な上に、こう云ふ形で彼が增補してゐるものに、多くの誤りがあること、更にそれ以前の、信用の置ける梁の僧祐の出三藏記集に、それがみられない。卽ち僧祐錄卷二の、新出異出錄に於て、彼は無量壽經の項に、五人異出と云ふことを云ひ、その內容として、支謙に阿彌陀經二卷、竺法護に無量壽二卷（或は無量淸淨平等覺とも云ふ）、鳩摩羅什に無量壽二卷、求那跋陀羅に無量壽一卷の異出をあげてゐる。羅什と求那跋陀羅のは、小經の阿彌陀經であるから問題外にすると、結局三人の異出經を出してゐることになる。信用の置ける祐錄にそれがなく、實體のわからぬ別錄、然かもそうした場合、多くの誤りを殘してゐるし、現物もなかつたと云ふことから、房錄に依る智昇に從ふわけにいかぬと云ふのが、安世高譯を否定する學者の論の立て方である。

次に第二の、

無量清淨平等覺經　二卷　後漢月支三藏支婁迦識譯　第二譯

についても疑問が持たれる。今の刊行本に、右の樣な撰號が置かれてゐるのは、全く開元錄の通りになつてゐるのであるが、これを支婁迦識の譯としたのも歷代三寶紀で、房はこれに、「亦、無量清淨平等覺經と云ふ」と註を附し、その根據として、「吳錄にみゆ」と稱してゐる。この說をそのまゝ承けたのが開元錄の說となつたのである。但し房は、安世高譯の無量壽經との關係については觸れなかつたが、安世高のを第一譯とし、これを第二譯と關係づけたのは智昇である。この經への疑問を誘發するものは、やはり僧祐の言葉で、僧祐が、支婁迦識の譯を認めてゐないこと、竺法護の譯として無量清淨平等覺經を傳へてゐること等から、この無量清淨平等覺經は、竺法護のものとすべきだ、これが支婁迦識の譯とされたので、法護のものは缺本とされてしまふと云ふ錯誤を來したのだと云ふのが、學者の一致した說である。

次に第三に、

佛說阿彌陀三耶三佛薩樓佛檀過度人道經　二卷　吳月支國居士支謙譯　第三譯

これは所謂る大阿彌陀經と稱せられるもので、僧祐の「支謙出阿彌陀經二卷」と傳へたのがそれであるとせられてゐる。常盤、望月兩博士等は、無量壽經は之を以て第一譯とすべきであるとしてゐる常盤（常盤大定著譯經總錄、望月辭典無量壽經の項）が、境野博士は今の經を以て「支謙譯と傳へてゐる大阿彌陀經二卷は、實は支識譯である」（支那佛敎史講話上卷）と云つてゐる、但しその理由の說明はされてゐない。自分は今の所、前說に從ひたい。

次に第四には、

無量壽經　二卷　曹魏天竺三藏康僧鎧譯　第四譯

である。これは中國、日本の淨土敎家が、觀、小兩經と共に、淨土の三經として扱つてゐる所謂る正依の經であるが、これについても譯者に異論がある。これが康僧鎧の譯とせられたのは、やはり歷代三寶紀で、開元錄はそれを承けたまでである。但し房は第二譯とし、昇は第四譯とする相違はある。房が之をのせた根據を示して「晉世雜錄及寶唱錄」によるとしてゐるが、問題はやはり祐錄にのせてゐないこと、歷代三寶紀への不信から起る。而して諸家一致の說は、七闕中の覺賢譯、及び寶雲譯の新無量壽經は、實は兩者共譯のもので、同一本（或は寶雲が譯出後修治したので別本と扱はれるに至つたか？——常盤説）であつて、欠本とされてゐるが、それを誤り傳へて康僧鎧譯としたと云ふことになつてゐる。

次に第五に、

無量清淨平等覺經　二卷　曹魏西域三藏帛延譯　第五譯

であるが、これにも問題がある。僧祐は認めてないが、慧皎の梁高僧傳卷一には、帛延が「魏の甘露中を以て、無量清淨平等覺經等、凡そ六部の經を譯出す」と誌してゐる。歷代三寶紀は、晉世雜錄によつて帛延の譯とし、開元錄はそれを承けてゐる。但し昇が、「竺道祖の晉世雜錄及僧祐錄に見ゆ」と稱して祐錄を附加してゐるのは誤りである。問題は、慧皎等の記事を信用し、祐錄、從つて道安にないのは脫落とみて、之を帛延のものとするか、或は、祐錄では同一の經を、竺法護のものとしてゐるのに對して、慧皎は別の見解のもとに、それを帛延のものとしてゐるかと云ふことになる。房、昇は勿論前者の立場をとつてゐることになる。所が慧皎自身は、後者の立場にある樣に見受けられる。何とならば、慧皎は、祐の出三藏記集を知つた上で、高僧傳を書いてゐる（高僧傳序）にも拘らず、從つて祐錄に、帛延の譯出として、首楞嚴經二卷、須賴經一卷、除災患經一卷、三部四卷を出してゐるのを承知してゐる筈であるのに、高僧傳ではそれと全く異る記事を載せて、「甘露年中を以て、無量清淨平等覺經等、凡そ六部の經を譯出す」と云つてゐるのであるから、帛延の譯出について、祐とは別の見解を持つてゐたと見るより他はない。このことは、法護の譯出についても同樣で、祐は一百五十四部、三百九卷と發表してゐるのに、皎は一百六十五部と記してゐて、見解の相違を示してゐる。然うなつてくると、同一無量清淨平等覺經を、僧祐は法護のものとみたのは對し、慧皎は帛延のものとしたとみられることになる。

これに對し、今の說も兩樣になつている。佛書解說大辭典（椎尾博士）は前者を、譯經總錄と望月辭典は後者の立場を採つてゐて、然も共に、帛延と云ふよりも、祐錄の法護と云ふ說に傾いてゐる如くであるが、自分もその程度の疑問を殘してそれに從ひ度い。

次に第六の、

無量壽經　二卷　亦云無量清淨平等覺經　西晉三藏竺法護譯　第六譯

についてであるが、これは道安錄に誌されたもの、無量清淨覺經の別名を附したのは僧祐であるが、既に述べた如く五存經中の無量清淨平等覺經がそれに當るわけである。

次に第七に、

無量壽至眞等正覺經　一卷　東晉外國沙門竺法力譯　第七譯

についてである。房は「釋正度錄に見ゆ」として之を採用し、昇はそれを承けたのであるが、祐に之を云はないので疑ふと云ふのが一般である。

次に第八に、

新無量壽經　二卷　東晉天竺三藏佛陀跋陀羅譯　第八譯

であるが、これは次の、

新無量壽經　二卷　宋涼州沙門釋寶雲譯　第九譯

と同一本で、兩者共譯と云はれてゐる。そのわけは、僧祐錄に、佛駄跋陀羅の項にも「新無量壽經二卷、永初二年、道場に於て出す」とあり、又寶雲の項にも「新無量壽經二卷、宋の永初二年、道場寺に於て出す、一錄に云ふ、六合山寺に於て出す」となつてゐるのによつて、兩人共譯のものが、別出されたと云はれる。或はその共譯のものを、寶雲が、更に修治したので六合山寺譯出の說が出たのであらうし、而して祐錄に、一經五人異出を云ふ場合に、寶雲譯を云つて佛駄跋陀羅譯を云はないのは、當時、寶雲本に合糅せられてゐたからだと考へられる。何れにしても、翻譯としては一本とすべきだと云ふのである。そしてこれが、現存の康僧鎧譯と稱せられるものに當ることも、學者一致の說である。望月辭典では、所謂る康僧鎧本の譯例譯語が、寶雲譯の佛本行經に類同するものが多いと云ふことを附言してゐる。

次に第十に、

新無量壽經　二卷　宋罽賓三藏曇摩蜜多譯　第十譯

であるが、曇摩蜜多に無量壽經の譯があると云ふのは、開元錄に來つて初めてのせられたもので、然も錄では闕本としてゐる。これを第十譯と決めたのも開元錄のしたことである。目錄には「眞寂寺錄にみゆ」と稱してゐるが、眞寂寺錄なるものの實態がわからないし、以前の錄にないので、學者はこれを信用しない。眞寂寺錄に然うなつてゐたとすると、それは寶雲譯のものを誤り傳へたのであらうと考へられる。

次に第十一、第十二の兩本、卽ち、

無量壽經如來會　二卷　大唐三藏菩提流志奉詔譯　第十一譯

佛說大乘無量壽莊嚴經　三卷　西天譯經三藏朝散大夫試光祿卿明敎大師臣法賢奉詔譯　第十二譯

についてであるが、これらに對する疑問は、從來全く存しない。たゞ唐譯は、それ自身別行のものでなく、大寶積經一百二十卷中の十七、十八の兩卷に收められてゐることを知つて置く必要がある。

以上の如く考察してくると、從來云はれてゐた五存七闕説は、當然に棄てられねばならなくなるのであり、そして實際に翻譯せられたと思はれるものをまとめてみると、

一、大阿彌陀經二卷（現存）　支謙譯（現傳の通り）

二、無量淸淨平等覺經二卷（現存）　法護（帛延）譯（現傳、支謙）

三、新無量壽經二卷（現存）　覺賢・寶雲共譯（現傳、康僧鎧）
四、無量壽如來會二卷（現存）　菩提流志譯（現傳の通り）
五、大乘無量莊嚴經三卷（現存）　法賢譯（現傳の通り）

と云ふ歸結となり、何れも散逸を免れ得てゐると云ふ幸福な結果となる。

以上の他に、大正藏經一二に、龍舒王日休の校輯にかかる

大阿彌陀經　二卷

があるが、これは、南宋の紹興三十年（1160）に、王日休が、無量壽如來會を除く現存漢譯の四本を參照して、新に編纂したもので、梵本からの譯出ではない。

三

本經には、梵本並びに西藏本數種類が殘されてゐる。梵名は Sukhāvatī-vyūha（樂有莊嚴）、西藏名は、

Ḥod-dpag-med-kyi-bkod-pa　聖無量光莊嚴大乘經（Ārya-amitābhavyūha-nāma-mahāyāna-sūtra）

である。

次に刊行された梵本について云へば、

一 Sukhāvatī-vyūha

これは、1883年、マックス・ミュラー（Max müller）と南條文雄博士とによつて共同刊行されたもの。

二 Sukhāvatī-vyūha

高楠順次郎博士、河口慧海師によつて將來された、五種の尼波羅梵本、並びに西藏譯本によつて、マックス・ミュラー刊行の原本の改訂を行つたもので、原本の變更三百十二處と稱せられてゐる。昭和六年刊行の淨土宗全書別巻（梵・藏・和・英・合壁淨土三部經）に収められてある。

梵文の英譯に關しては、マックス・ミュラーの

一 The larger Sukhāvatī-vyūha

がある。これは先の梵本を1894年に英譯したもので、東方聖書第四十九巻に収められてあり、又淨土宗全書別巻にも収録してある。

次に梵本からの和譯については、

一　無量壽經梵文和譯　　　　　　　　　南條　文雄

明治四十一年刊行で、マックス・ミューラーと共同刊行の原本によるもの。

二　梵和對譯無量壽經　　　　　　　　荻原　雲來

これは、荻原博士改訂本によつたもので、淨土宗全書別卷中に、梵本と對譯的に收錄されてゐる。

三　無量光如來安樂莊嚴經　　　　　大谷光瑞譯

これは梵語の國譯で、昭和四年、大乘社より刊行され、翌五年には譯者自身の講話が出されてゐる。

南條文雄には、梵文和譯のみならず、これを漢譯と對照した

四　無量壽經梵文和譯支那五譯對照

が明治四十一年に刊行されてゐる。

四

次に西藏本について云へば、河口慧海師の和譯の序に、我が國には現在五種類の異なる版本、寫本があると稱して、

1　ギャンツェ（寫本）　　2　ナルタン版
3　デルケ版　　4　ヅーブ版
以上は日本藏梵學會藏本。
5　北京版
これは大谷大學藏本としてあげてゐる。その和譯については、
一　藏、漢、和、三體合璧無量壽經　　寺本　婉雅
これは、大正十二年七月より佛教研究に分載し、昭和三年五月、丙午出版社より刊行したもの。
二　西藏原本無量壽經國譯　　青木　文教
昭和三年十二月の刊行。
三　藏和對譯　無量壽經
昭和六年十二月淨土宗全書別卷に收錄して刊行、等がある。

五

次に漢譯本の國譯（延書）、意譯、英譯等について云へば、
淨土三部妙典延書　　米田治右衛門編輯

が、明治十五年に金尾文淵堂から出されてゐるが、代表的なものとしては、

國譯無量壽經　椎尾辨匡譯

が、國譯大藏經經部一（國民文庫刊行會・大正六年六月刊）、國譯一切經寶積部七（大東出版・昭和七年一月刊）に收められてゐる。

次に意譯としては、

現代意譯無量壽經　岩野眞雄著

等がある（甲子社・大正十年九月刊）。

次に英譯としては、昭和三十年一月、布哇本派本願寺教團編纂の英文眞宗聖典に、

The Bussetsu Muryojukyo　山本晃紹英譯

がある。これらの國譯、意譯、英譯は、何れも、所謂る康僧鎧本と稱せられたもの、卽ち覺賢、寶雲共譯の無量壽經によつてなされてゐる。

六　阿彌陀佛信仰流行の梗概

一

彌陀信仰の流行と云ふと、無量壽經の流傳と云ふよりは、餘程廣範圍になるわけであるが、然し彌陀信仰を說いた諸種の經典や、或は彌陀信仰そのものが、根源的には、本經から流出するものが大部分であらうと云ふ立場から云へば、彌陀信仰の流行を探ることは、同時に、本經の思想が流傳した跡を求めるものだと云ふことになる。

現在の佛敎經典から、阿彌陀佛信仰に關說してゐるものを求めるとなると、實に多くのものを集めうる。古人もしば〳〵然うした試みをやつてゐる。中國で云へば、唐の迦才の淨土論、宋の宗曉の樂邦文類、明の大佑の淨土指歸、明の袁宏道の西方合論、わが國では、源信の往生要集、淨土宗長西の淨土依憑經論章疏目錄、淨土宗徹定の蓮門經籍錄等がそれである。しかしその中で、最も完備したと稱せられるものは、善性繼成編の阿彌陀佛說林である。隨つてその後の阿彌陀佛思想の研究者が、廣く一切經典から、それに關說する經典を探す場合、いつも參考になつてゐるのが、この說林であつて、例せば齊藤唯信博士の阿彌陀佛總論（明治二十七年刊）、淨土宗全書一の傍說淨土敎經論集、矢吹慶輝博士の阿彌陀佛之研究（明治四十四年刊）等、何れも說林を基本としてこれを求めてゐる。今かりに淨土宗全書の傍說淨土敎經論集によると、第一に大方廣佛華嚴經、唐實叉難陀譯をあげ、最後に十往生阿彌陀佛國經に至る、すべて二百六十三部の多數の經典を列擧してゐる。この集の編纂者は、註をつけて、繼成の阿彌陀佛說林に基き、傍ら閱藏知津等二、三の典據によつて編集したこと、又列擧した順序については、縮藏の順序に從つたこと、更に又、樂邦文類や、阿彌陀佛說林、止觀等によれば、この他に、大乘大集日藏經、目蓮所問經、善信摩親經、守護國界守經、文殊師利般若波羅蜜經等を擧げることが出來るが、縮藏中に欠けてゐるものや、或は現存の經典中に正文のないものは省略したこと、或は又、十往生經（これは中國で出來た經典だと云はれてゐる。）は、貞元、開元等の經錄に、みな僞妄亂眞中に攝めてゐるが、續經に、この本文が、のせられてゐるので、それを承知の上でここへ加へたと云ふ事などを、ことわり書してゐる。

矢吹博士の阿彌陀佛之研究の卷末に集められたものをみると、般舟三昧經、支婁迦讖譯を第一に置き、大白傘蓋總持陀羅尼經、囉摩寧眞智等譯を最後として、すべて二百五十四部に及ぶ多數のものを出してゐる。これらは何れも、淨土教が自己の依り所としてゐる三經一論、卽ち無量壽經、觀無量壽經、阿彌陀經、及び無量壽經優婆提舍願生偈を除いた、所謂る傍說のものであることは云ふまでもない。（一々を列擧することはそれらの著書にゆづる。）

印度に於ける流傳を研究すると、二百數十部に及ぶこれらの經典が、いつ時代、どの地方を中心にして流行してゐたかを、詳しくする必要があるが、今そのすべてを、こゝで述べるほど、研究は進んでゐないし、部分的に推定出來るものについても、それらを述べる餘白を持たない。たゞ全體的に云へることは、阿彌陀佛信仰を中心にした佛教運動、その起源や年代は既に述べた所であるが、この運動が、無量壽經と云ふ樣な、比較的まとまつた形となつて表面化した地區は、諸種の點から考察して、やはり西北印度ではなかつたかと思はれる。それが、時代の下るに隨つて、次第に、印度全土の、大乘佛教徒の間に擴大していつたもので、その間の消息を語るものが、卽ち右に觸れた、二百數十に及ぶ經典である。

さてそれらの中で、學者による硏究や鼓吹を、文献的にひろつてみると、紀元第二世紀頃の南印度出身の龍樹は、その著、智度論や十住毘婆娑論に於て、阿彌陀佛信仰を鼓吹してゐるが、殊に後者の、易行品と云はれる一章に於ては、佛教全體を、難行道と易行道とに分類し、難行道を捨てて易行道、卽ち彌陀信仰に歸すべきであると勸めてゐる。或はそれよりやゝ後の、北印度出身の堅慧は、究竟一乘寶性論を著し、その第一卷及び第四卷に於て、彌陀の淨土への願生について述べてゐる。次に第五世紀頃に出た天親（Vasubandhu 玄奘は世親と譯した）が、又熱心な彌陀信仰の持主である。彼は西北インドのガンダーラの出身で、初め小乘で出家したが、後に大乘に轉向し、唯識學の完成者として令名のある人であるが、同時に熱烈な淨土の願生者でもあつた。

彼には、千部の論師と稱せられてゐるほどの、多くの著述があつたが、無量壽經優婆提舍願生偈、即ち一般に淨土論と稱せられてゐる、香りの高い著述が殘されてゐる。これは、無量壽經に基いて、無量壽佛、即ち阿彌陀佛や、その淨土についての理解の仕方と、その淨土へ生れるための實踐方法を示したもので、龍樹の十住毘婆娑論と共に、印度はもとより、中國、日本に於ても、阿彌陀佛信仰が流傳するために、重大な貢献をした著述である。その他、法稱の大乘集菩薩學論や、安慧の大乘阿毘達磨雜集論にも、淨土往生の旨を述べてゐるし、馬鳴の大乘起信論に於ては、一般の人々の、大乘佛教を身につける方法として、阿彌陀佛の慈悲によるべきことと、淨土信仰によるべきことを力説してゐるような次第である。

二

無量壽經が中國語譯されたのは、既に述べたように、吳の支謙（223〜253）の大阿彌陀經に初まり、次には西晉の竺法護（帛延）によつて、平等覺經と云う名で翻譯せられてゐる。隨つて文献的には、今日それを證據だてるものがないにしても、恐らくその當時から、阿彌陀佛信仰は、中國人の心になにほどかの根を下してゐたと考へてよい。然しそれが、社會的に活潑な動きとして、表面化したのは、一般によく云はれるとほり、東晉の代、慧遠（334〜416）を中心とする廬山の、念佛結社（402）に初まると云ふべきであらう。だから、それまでは、あつたにはちがひないとしても、それほど活潑なものでなかつたことは確かである。それが慧遠の念佛結社（402）をきつかけとして、俄かに世の注意をひくようになつたのである。慧遠は當時、學德ならびなき高僧であつたばかりでなく、俗界の權力に對しても、巍然たる態度を持してゐた、高邁な精神の持ち主であつたが、この慧遠の風格は、自ら南朝人士の理想とする風格に合致し、頗る人氣に投ずるに至つたので、廬山は、慧遠を中心とする有名人の會合の場所となつたのである。念佛結社同志の一人、劉遺民が作つた結社の願文によると、「同志息心貞信の士、百有二十三人」とあるから、この結社は、百二十三人の集りであつたことがわかる。又高僧傳の著者が、參集した人々について、「謹律息心の士、絕塵淸信の賓、期せずして至り」と稱してゐるのによつても、如何に立派な、當代一流の人々が、それも道俗の兩面から、期せずして集つてきたことがわかるのである。例せば慧遠と共に、師道安に從つてゐた頃以來の同門の慧永、慧持等、羅什門下の逸材、道生、曇順、僧叡等、俗人としては彭城の劉遺民、雁門の周續之、豫章の雷次宗、南陽の宋炳等の如き、帝室の徵を辭して廬山に入るもの、その他何れも、當時の第一流の人物を網羅してゐたようであり、又その結社の人々が、如何に嚴肅な實践に勵んだかと云ふことも、例へば慧遠が劉遺民に與へた書（廣弘明集二十七）に「山居の道俗日に策勵を加ふ、遺民精勵にして偏に至り……具さに禁戒を持し、……專念禪坐……定中見佛す」と稱してゐるのなどでよくわかる。

時代はやゝ下るが、廬山を中心とした江南の念佛に對して、北方にも亦念佛の中心地が別に出來た。それは魏の永平年間に、洛陽に來た北インドの菩提流支の無量壽經優婆提舍願生偈（無量壽經論、淨土論、往生論などと略稱する）の翻譯（531）に端を發するものである。隋唐時代の道綽は、その著安樂集の中で、菩提流支の淨土教を繼ぐものとして、慧寵、道場、曇鸞、大海、法上等の人々をあげてゐるが、その中心的動力となつたものは、云ふまでもなく、この無量壽經論、即ち淨土論に註を造つて淨土教に學的な根據を與へ、且つ熱烈なる彌陀信仰の讃仰者であつた曇鸞であつた。面授の弟子ではなかつたが、曇鸞に私淑し、曇鸞の淨土信仰を繼いだのが道綽であり、それがその弟子善導へ繼承された。時恰も中國の佛教界では、末法到來と云ふ自覺が起り、中國佛教の大轉回期にあつたのであるが、この時道綽は、末法を救ひうる唯一の佛教として、彌陀信仰を編成したので、教勢は急速に進展したのであり、それが善導によつて更に完成され、信仰者が地域的にも擴大されていつた。卽ち曇鸞、道綽の時代は、山西省を中心としたものであつたが、善導の時代には、更に陜西、河南にものび、中國民衆の大いなる力となり得たのである。恐らく道綽をつぐものであらう、唐の迦才は、廬山の念佛を評して、「慧遠法師、謝靈運等、以てみな西境を期すと雖も、ついにこれ一身を獨善し、後の學者承習するところなし」と稱してゐるが、誠にその通りで、廬山の念佛は、氣品は高かつたけれども、貴族的であつて、社會性に乏しかつたため、慧遠以後には、あまり廣まつたあとをみない。これに反し、曇鸞、道綽、善導の念佛は、念佛それ自身としても、苦惱の大衆を救ひうる所にこそ、念佛の本質が發見されるのであり、教化の實際に於ても、時代の要求上、亦然うならざるを得なかつたので、念佛法門は、陝西長安の善導、湖南衡山の承遠、山西五臺の法照、浙江新建の少康と、唐も時代を下るに隨ひ、地域的に南北に擴がり、又決して階層の上下をわけへだてするのではないが、大衆の宗教として、中國社會の下層階級にまで浸透していつたのである。少康（～805）が浙江省で大衆を率ゐて念佛して以來、今日に至るまで、念佛流行の中心は、江南に移つたかの觀を呈するので、以後各時代の中心的念佛者、卽ち五代の永明延壽、宋の昭慶省常、明の雲棲袾宏、清の梵天思齊等は、何れも浙江省、殊に永明以下は、杭州の西湖附近に居たわけである。特に宋の省常は、廬山の念佛結社に甚大のあこがれを持つてゐて、その念佛結社に模して淨行社なるものを西湖に結び、社員の數も廬山にならつて百二十三人よりなり、時の名流を會して、專ら念佛にはげんだと云ふのである。

以上は、學者の研究と云ふようなことではなく、念佛の流行と云つた角度から、中國に於けるそれの骨組みだけを把へてみたのであるが、こうした事情を探るのに都合のよい資料に、所謂往生傳と稱せられる一群の書物がある。往生傳については、龍谷大學教授小笠原宣秀氏が、その著「中國淨土教家の研究」に於て有益な研究發表してゐるし、又往生傳の綜合的なものとしての、宋の志磐の「淨土立敎志」と、淸の彭希涑の「淨土聖賢錄」とによつて、時代別に往生者の多少を比較した表を示してゐるし、更に地理的分布についても、これは大谷專修學院長の道端良秀師の試みたものを紹介して、やはり「立敎志」と「聖賢錄」とによつて、その數の多少を表示してゐるが、彌陀信仰流行の梗概を知るについて有益な統計である。今かりに、それらの研究の中から、聖賢錄によつて淨土信仰者の地理的分布のみを紹介してみると、

山西	二七	湖南	六
陜西	二六	四川	七
浙江	二一六	河北	九
江蘇	七六	山東	五
江西	三一	廣東	一
河南	一二	雲南	一
安徽	九	福建	一
湖北	九	不明	三八

となつてゐる。即ち北部では、曇鸞、道綽、善導、法照の活躍舞台であつた山西、陜西がその中

心となり、又南部では、少康以下の人々の活躍地、浙江、江蘇、江西地域に多くの信仰者を出してゐる。

三

以上は、淨土敎の流れと云つたような角度から述べたのであるが、學者の研究と云つた面から、中國に於けるそれをみると、以上とは異つた面が浮んでくるであらう。卽ち、廬山を中心としたものと、山西から出發した曇鸞のことは前述の如くであるが、その曇鸞には、

往生論註二卷　　略論安樂淨土義一卷
讃阿彌陀佛偈一卷

が現存してゐる。

陳、隋の頃になると、地論宗の祖で、長安の淨影寺にゐた有名な慧遠に、

無量壽經義疏二卷　　觀無量壽經義疏一卷

があり、天台宗の祖、天台山の智顗に、

觀無量壽經疏一卷　　阿彌陀經義記一卷
淨土十疑論一卷　　五方便念佛門一卷

がある。但し観經疏と十疑論とが、その眞撰たることを疑はれてゐるのは周知の通りである。唐になると、三論宗の祖、吉藏、この人は、初め隋時代には南方にゐたが、唐になると、召かれて長安、卽ち、北方に移つた人であるが、この人に、

無量壽經義疏一巻

がある。又念佛門の人では、山西の道綽に、

安樂集二巻

があり、長安の迦才に、

淨土論三巻

がある。次に長安を中心に念佛をひろげた善導には、いはゆる五部九巻と稱せられる多數の書がのこされてゐる。五部九巻とは、

觀無量壽經疏四巻　法事讃二巻

觀念法門一巻　往生禮讃一巻

般舟讃一巻

である。その他善光寺の法常に、

觀無量壽經疏二巻

法相宗の祖慈恩大師のものと云はれるものに、

　稱讃淨土經述讃一巻　　阿彌陀經通讃一巻

　西方要決一巻

がある。慈恩大師にならぶ法相宗の偉才、西明寺の圓測に、

　阿彌陀經疏一巻

青林寺の慈藏に、

　阿彌陀義記一巻

最明寺の道誾《どうぎん》に、

　觀無量壽經疏二巻

法相の法位に、

　無量壽經疏二巻　　觀無量壽經疏一巻

法相の玄一に、

　無量壽經記二巻　　觀無量壽經記一巻

　阿彌陀經疏二巻

同じく法相の悟達に、

無量壽經義疏二卷

がある。その他、新羅系の學者の間にも、淨土に心を寄せるものが多數あつて、元曉に、

無量壽經宗要一卷　　遊心安樂道一卷

憬興に、

無量壽經連義述文贊三卷

義寂に

無量壽經疏（述義記）三卷

太賢に、

無量壽經古迹記一卷

あるが、これらは何れも新羅出身の人々である。或は又、善導の弟子懷感には、

觀無量壽經玄義二卷　　淨土群疑論七卷

あり、その他長安罔極寺の惠日三藏は、印度より歸つて、當時の印度に行はれてゐた淨土教を傳へたのであるが、これが所謂る慈愍流の淨土教と稱せられるものである。その彼には著述として、

淨土慈悲集三卷

がある。これと同時代、終南山の草堂寺に飛錫が出て、

念佛三昧寶王論三卷

を著してゐる。その後數十年、唐の第八主代宗の時、五台山の法照は、

五會念佛法事讃一卷　大聖竹林記一卷

を著して居るのであつて、善導以後の念佛を、音樂に唱和せしめて、更に普及の度をひろめ且つ深めた。以上著述の面からみても、從來の淨土教は、智顗等の例外はあるにしても、殆んどすべての著述者が、山西、陜西に居をかまへた、所謂る北方の居住者であることがわかるであらう。この念佛を南方にもたらしたのは浙江の少康（～805）である。彼はもと南方で出家したが、後洛陽の白馬寺で善導の西方化導の文を得て大いに感悟し、長安の善導の影堂に參拜し、その念佛を繼承して南方に歸つたので、以後念佛が特に南方で盛大になる端を開いたのである。その彼に、

二十四讃一卷　瑞應刪傳一卷

がある。その他唐代には、後述の如く、智憬、令祐、寂證、僧徹、善寂等、その他多くの人々がゐて、淨土教の普及に貢献してゐる。

降つて五代の延壽、宋の省常等の活躍によつて、南方の念佛が伸張していつたことは既に述べた所であるが、著述の面からみると、宋の第七主哲宗の時代に、元照がゐる。彼は律宗の元照として有名であるが、天台を學び淨土に歸依すること厚く、著述として、

観無量壽經義疏二卷　阿彌陀經義疏一卷
三聖立像記一卷　十二佛光讃一卷
無量壽佛讃一卷　求生淨土禮懺行法一卷
を遺してゐる。同じく宋の王日休に、
淨土文十二卷
四明の宗曉に、
樂邦文類五卷　樂邦遺稿二卷
淨土修證儀一卷
桐江の擇英《ちやくえい》に、
等がある。元になると、虎谿の懷則に、
淨土境觀要門一卷
獅子林の惟則に、
淨土惑問一卷
東林寺の普度に、
蓮宗寶鑑十卷

がある。明になると、宏道に、
　西方合論
雲棲寺の袾宏に、
阿彌陀經疏抄四卷　　竹窓隨筆五卷
西方願文一卷
藕益の智旭に、
　阿彌陀經要解二卷　　淨土十要十卷
北禪寺の大祐に、
　淨土指揮集二卷
延慶寺の宋木に、
　歸元直指集二卷
等がある。下つて清になると、周克復に、
　淨土晨鐘十卷
元伯陽に、
　西方宏據一卷

彭希涑に、

浄土聖賢録六卷　無量壽經起信論三卷

魏源に、

無量壽經會釋

胡珽に、

浄土聖賢録續編四卷

がある。

四

次に我が國に於ける狀況についてであるが、阿彌陀佛信仰、無量壽經が、はつきりと表面に出てきたのは、日本書紀の中で、入唐僧惠隱が、舒明天皇の十二年（640）と、孝徳天皇の白雉三年（652）に、宮中で無量壽經を講じたことや、同じく入唐僧の道昭が、入寂のときに（700）西方往生を願つたことが續日本紀に傳へられてゐることなどであらう。それが奈良時代（710～781）に入り、唐の長安を中心としての日唐交通が頻繁になるにつれて、當時彼の地でも、特に長安は浄土教の中心地であつたのであるから、自然の勢ひとして、それが我が國に反映したのは當然であり、更に又、多くの淨土敎關係の文献が輸入されたので、奈良の佛敎に於ては、宗派的に考へて、淨土敎と云ふものは、法然や親鸞が出た、鎌倉時代以後のものだと考へてゐる常識からすると、奈良に於ける淨土信仰は、豫想外に盛んだつたのである。法然の云ふ三經一論や、親鸞に於ける七祖（日本の二祖は後に屬するから問題にならないが）、それらに關する文献、及びその他、彌陀信仰に關する重要なものが、既にこの時代に傳へられたことは、注意すべきことでなければならない。正倉院文書に、平等覺經、無量壽經、觀無量壽經、阿彌陀經、稱讃淨土經、般舟三昧經、龍樹の十住毘婆娑論、天親の淨土論、曇鸞の淨土論註、道綽の安樂集、善導の觀經疏、往生禮讃、法事讃、般舟讃、懷感の群疑論、智昇の集諸經禮讃儀等がみられるのは、全く驚くべきことである。光明皇后が崩ぜられたのに際し（760）、國毎に彌陀淨土の畫像を造らしめ、國内の僧尼に稱讃淨土經（玄奘譯の阿彌陀經）を寫さしめ、各國分寺で禮拜供養せしめられたのであるが、これは、當時の淨土敎の普及狀況を知るために、よい手がかりとなるであらう、而して、若しこの時代の指導者の中から、彌陀信仰と關係を有する人々を求めるならば、南インドからきた婆羅門僧菩提僊那や、中國からきた鑑眞、東大寺の行基、元興寺の智光、禮光等をあげることが出來る。殊に智光には、天親の淨土論に對する釋五卷が著はされてゐて、平安時代の學者の、淨土願生思想へ影響を與へてゐる。法相の道昭、華嚴の行基、三論の智光、禮光等が、以上の如く、何れも淨土の願生者であつたことは、中國に於けるそれらの宗の祖師達、卽ち法相の慈恩、華嚴の杜順、智儼、法藏、三論の吉藏等が、その宗の如何にかかはらず、何れも淨土願生の人々であつたことが、可なり重要な要素となつてゐると思ふ。

平安時代、淨土信仰は從來の如く奈良を中心としたものと、その他、新興の天台、眞言を中心として流れたものであるが、當時の社會に影響した點からみても、又それが延びて鎌倉時代の淨土敎の勃興となつた點から考へても、或はまた、都をひかえて實勢力を有してゐた點からみても、その主流をなしたものは、やはり比叡山を中心とした天台宗に屬するものであつたと考へねばならない。日本天台の開創者傳敎大師最澄（767～822）に、淨土往生の思想があつたであらうことは、彼が祖とした中國の天台大師（人々はよく止觀の常行三昧を證據にして云ふがもつと端的に）の法華三昧儀や法華懺法、それをそのまゝ最澄も修したわけであるが、その發願文の中に、「安養に往生し、彌陀に面奉し云々」と云はれてゐるのによつて明瞭である。然し日本の天台宗で彌陀信仰が本格化されたのは、最澄の弟子、入唐僧圓仁（794～864）、卽ち慈覺大師が、中國の五台山で念佛三昧法を受け、歸朝の後、比叡山に常行三昧堂を建て、阿彌陀懺法を以て不斷念佛を修せしめてからだと云つてよい。蓋し五台山は、嘗つて法照が念佛を修しひろめた所であるから、又阿彌陀懺法の中には、善導の禮讃の懺悔文を引用してゐるのであるから、常行三昧堂（親鸞がもと常行三昧堂の堂僧であつたことは有名なことである）の不斷念佛に、善導や法照の念佛が入つて居るのは當然であらう。この常行堂は、もと比叡山の東塔に建てられたのであるが、後には西塔にも、横川にも建てられるし、時代の移るに從つて、流行的に全國にひろまつていつたのである。

圓仁以後、これる繼承した中心人物をあげると、圓仁の弟子の無動寺の相應（831〜918）、相應をつぐ延昌（880〜964）と良源（912〜985）、良源の弟子の源信（942〜1017）と覺運（943〜1007）等と承けつがれ、源信に來つて一時期をかくしたと云つてよい。良源に極樂淨土九品往生義一卷（淨全一五）があり、覺運に念佛寶號一卷（佛全、天小）、觀心念佛一卷（佛全、天小）があるのは有名であるが、その組織内容から云つても、分量から云つても、亦時代への影響力から云つても、當時第一の重要なものは、源信の往生要集三卷であつたと思ふ。然も往生要集の出來た寛和三年（985）の直前に、慶滋保胤（〜997）によつて、日本往生極樂記が著はされてゐるのであるから、まさに淨土思想が盛り上らんとしてゐる充分な素地が出來てゐたところへ、源信の名著往生要集が出たわけで、淨土思想高揚のためには、まさに打つてつけであり、その影響するところ、極めて甚大であつたわけである。

扶桑略記卷二七には、この往生要集について「天下に流布す」と誌してゐる位であるから、以つてこの著述が、如何に天下に流行し、そして人々の心に喰ひ入つたかがわかるであろう。その一例を文學についてみると、往生要集以前の竹取や宇津保には、未だそれを見ることが出來ないが、それ以後、卽ち恐らく長保四、五年（1002, 1003）（源信は1017に死んでゐるから未だ存命中であ る）頃から筆を起されたであらうと云はれる源氏物語になると、急に淨土思想が織込まれるようになつてゐる。夕顏の卷や、若菜の卷に出る上品往生のこと、賢木の卷の念佛衆生攝取不捨の文、御法の卷の來迎引接の思想等は極めて明瞭なものである。それのみか、賢木の卷や手習の卷に見える横川の僧都は、或は横川の源信都僧をモデルにしてゐるのでないかとも思はれる位である。源氏物語以後のものについてみると、更級日記、狹衣物語、濱松中納言物語、榮華物語、今昔物語、宇治拾遺物語等その他、何れも淨土思想と關係を持たぬものはなく、文學はもはや淨土思想と離れることの出來ないものとなつてしまふのであるが、この傾向は、やがて平安末期の社會の動亂を背景とすることによつて更に激化し、遂に保元、平治、平家物語、源平盛衰記の如き文學をうむに至つたのである。

又別の面、卽ち關白道長が出家して法成寺を建てて阿彌陀佛の像を安置したり、その子の關白賴通が、宇治の平等院を建立して阿彌陀佛をまつると云ふような事をしたのも、恐らく源信の影響ではなかつたかと思はれる。實際道長は、源信に深く歸依してゐたのであつて、御堂關白記長保六年六月の條に、彼が源信を送つた記事がある位である。その他圓融天皇の皇后詮子（兼家の女）

が僧都を宮中に召して、佛法を問はれたこと、又兼家自ら、僧都のために、横川に恵心院を建てたことなど、源信に對する世の尊信は非常なものであつた。かくの如く、源信を境として、淨土信仰の流行は一時期を劃したと云ふことが出來る。こうした宮廷貴族の淨土信仰の高潮の中に出來たものが、宇治大納言（1004～1077）の安養集十卷であり、又先に述べた今昔物語三十一卷であり、良慶の作と云はれる安養抄十卷であつた。

源信の淨土信仰の旋風が、主として宮廷貴族を中心に渦卷いたのに對し、この時代、それとは別の面で彌陀信仰を鼓吹した人が空也であつた。空也（902～972）は源信より四十年の年長である。二十有餘歳のとき尾張國、國分寺で剃髪して自ら空也と稱し、口に常に阿彌陀佛の名を唱へながら、道路を造り、橋を架け、井戸を掘り、その他、修田、治水等の業をなし、曠原荒野に枯骨を發見しては、これを燒いてその瞑福を祈るために人々をして念佛せしめたので、人尊んで市聖を稱したと云ふ。天曆二年（948）延曆寺に登り、座主延昌について受戒してゐる。應和三年（963）八月、鴨川の東に西光寺を建て、人々を集め、こゝを唱名念佛の道場として居る、四條河原で空也の弟子となつた千觀内供奉（918～983）によつて作られた彌陀和讃や、源信の和讃などが、貴賤老若を問はず、都鄙に流行していつたので、淨土信仰は急速に民衆の層にまで流れ込んで行つた。その他源信と同時の黑谷の禪瑜や、靜照、增賀、源信の弟子の覺超、覺超の弟子の勝範等も、亦各々熱心な願生者であつた。そして更に忘れてならないことは、融通念佛の開祖大原の良忍（1073〜1132）の存在である。彼は尾張知多郡の出生、十二才登叡して東塔の常行堂の衆となり、學顯密を兼ねたけれども、出離の要を極め得ず、三十三才にして大原に隠退し、來迎院を建てて彌陀一佛を安置し、西方を專念して出要を得、融通念佛の義を説へたのである。古今著聞集によると、彼の勸進帳に記入せられたもの、鳥羽帝以下三千二百八十二人と稱するほど、ひろく上下の尊信を博したのである。以上これらの人々の努力によつて、次代に法然の專修念佛の出づべき地盤が力強く開拓されていつたのである。

次に南都の模様について略述すると、法相宗關係では興福寺の善珠（723〜797）、その弟子の昌海、善珠と並び稱せられる元興寺の護命（750〜834）、源信と同時代の興福寺の淸海等があり、又三論宗關係の隆海（815〜886）、永觀（1033〜1111）、覺樹（1084〜1139）、珍海（1092〜1152）等がある。なかんづく、永觀には往生拾因（淨全十五）、往生講式などの如き、吾々に親しい一般に普及した著述が現存してゐるが、それによつてもわかる樣に、彼は本願に隨順した稱名念佛を鼓吹し、又每月十五日に、往生講と云ふ念佛講社を結んで一般にも淨土往生をすすめてゐるのであり、又珍海の如き、決定往生集（淨全十五）等の優れた著述を著し、淨土教は賢愚共に救はるべき時機相應の教であること、下品の惡人と雖も、往生の業たる稱名念佛をすれば、佛願力によつて、決定して淨土に往生せしめられうることを強調してゐるのであつて、これ亦、法然出世の素地を開拓しつゝあつたわけである。

次に眞言關係について云へば、眞言宗では、阿彌陀如來を本尊大日の妙觀察智、卽ち一切衆生をみそなはして救濟するはたらきを現はすものとしてゐるのであるから、又眞言では、理として我卽大日と云ふけれども、現實的には、吾々自身、一介の凡夫たることを認めてゐるのであるから、そこに彌陀信仰が流れてゐるのは當然である。然しそれだからと云つて、誰でもが彌陀信仰を持つてゐると云ふのではなく、やはり因緣によつて結ばれた人々のみが、彌陀を本尊として仰ぐことになる。然う云う點から、この派に於ける彌陀信仰の人々をあげると、先づ廣澤の定照(906〜983)、小野の元杲(911〜995)をあげねばならない。この頃は、恰も叡山を中心として、淨土思想が高潮に向いてゐた頃、然かも京都の眞言家にこれを見出すと云ふことは、やはり時代の流れに乘つた現象でないかと考へられる。眞言に於けるその後の淨土信仰の人々を、拾遺往生傳、高野往生傳、本朝往生傳等その他によつて求めると、深覺(965〜1043)、性信(1005〜1085)、濟暹(1025〜1115)、教懷(1001〜1093)、維範(1011〜1096)、蓮待(1013〜1098)、明算(1021〜1106)、勝覺(1057〜1129)、定海(1073〜1148)、良禪(1049〜1139)、聖惠親王(1095〜1137)、明寂、琳賢(〜115)、經得、蓮意、迎西、行意、覺鑁、兼海、正直、實範等、その他なほ多くの人々を求めうる。

これらの人々の地理的配置を考へると、眞言の念佛は、初めは京都から、そして漸時に高野へと擴まつていつた關係が見出されるのであるが、このことはやはり、そのもとは、比叡山の念佛流行の潮に乘つたものだと考へざるを得ない。これらの中で新義眞言宗の祖、興教大師覺鑁（1095～1143）は、身口意の三密加持によつて卽身成佛すると云う眞言の宗義に關して、一密成佛說を創唱した人である。三密揃はなくとも、口密一つ、口で唱へるだけで成佛すると云ふ主張は、これ亦、當時の稱名成佛の思想と無關係ではあり得ないと思はれる。

以上の如く、彌陀信仰の波が次第に高潮していつたについては、實に色々な理由があらうが、全體として考へられることは、定めなき人間生活への悲愁、如何にしてかそれを超えんかとする眞實への追求、もとは、それによつて求められた念佛が、この時代の末期に及んで、人間生活の不安が、戰亂に加ふるに天災地異と云ふ樣な社會不安と結合して一層深刻化したため、それを尅服しようとする當時の唯一の方法として、社會全般の動きとなつていつたのが、この彌陀信仰の運動である。こうした歷史的、社會的事情を背景として、生れ出たのが、法然の淨土教であつたわけである。

五

平安時代の淨土の思想信仰は、その末に於て、合して法然の淨土教となつた。法然の淨土教が、今迄の諸流と異るところは、今迄の流れが、聖道諸宗の流れの中の存在としてあつたのに對し、こゝでは、それとは別の流れとなり、それ自身獨立した流れを形成したことにある。然かもその流れは、念佛門に對する樣々な、そして幾回となく繰り返へされた彈壓によつて、却つて、雨降つて地かたまつた樣なことゝなつたのである。生みの苦しみをじつと堪へ忍びつゝも、法然を元祖とする念佛の流れが、如何に力強く、執拗に流れつづけたかは、東鑑等に「せかれてもるる谷川の水の、止むるこそ却つてあだなれ」と稱してゐるのによつてもよくわかる。然もこの流れが、全國に擴がつていつたことは、勅修御傳に「遺弟の化導都鄙にあまねく、念佛の聲洋々として耳にみてり」と稱せられてゐる如く、實際、法然門下の足跡が、全國的であつたことによつてわかる。數ある法然門下の遺した敎化のうち、今日宗敎團體として殘つてゐるものは、證空の西山派、辨長の鎭西派と、親鸞の眞宗とであるが、その現勢力がどうなつてゐるかは後に記載する通りである。その後一宗を開いたものに、時宗の一遍上人があるが、然し彼は、西山派祖證空の門下聖達について淨土敎に入り、それがもとで、時宗を開くに至つたのであるから、その意味で、これを法然の淨土敎の、大いなる流れの中のものとみて差しつかへないと思ふ。斯く云へばとて、從來聖道の諸宗中に流れてゐた念佛の流れが、跡を斷つたと云ふのではない。聖道中の念佛は、從來の如く流れつゝあるのであるが、淨土の思想信仰を眺める場合、この時代とそれ以後とは、全く別の景觀が展開する樣になつたのである。

こゝまでくると、それ以後の淨土教が、どうして現代に及んだか、歷史的の詳しいことはわからないにしても、常識的に、何だか頭の中でえがかれる樣な氣がするので、もはやそれを、くどくどして述べる必要を感じない。否少なくとも、この解說に於ては然う感ずる、それほど吾々に身近かなものの樣に思はれる。だから私は、これらの流れが流れついた今日の現況を次に誌して、そして、釋尊以來持ちつゞけられた佛弟子の佛陀への信仰が、形の上では、紀元前一世紀頃に、文字にまとめられて大無量壽經と云ふ形をとつたとしても、然う云ふ形での佛陀への信仰が、現在分量的に、わが國でどうなつてゐるかを眺めて、この項を終り度いと思ふ。くれぐれも云ふが、こゝでは、聖道の流れと、流れを分つてゐるものに就いてのみ云ふのであつて、聖道中に流れてゐるものについての調査は全然出來てないわけである。その意味から、吾々は良忍の融通念佛宗や、淨土眞宗遺迎派（舊稱不斷念佛宗）をも、亦、この調査の中へ入れて置こうと思ふ。

次の表は文部省の統計による宗教年報（昭和二十五年版）によつた。終戰後獨立した派を加へると、も少し數は增すわけであるが、所屬寺院數、十に滿たないものは之を省略した。

七　大無量壽經の研究註釋書

一

		宗派	寺院教會	教師等	檀信徒
法然系	親鸞系	本願寺派	11241	22144	6546779
		大谷派	10042	22373	6375808
		高田派	663	1057	280922
		興正寺派	579	1020	120783
		佛光寺派	381	685	172508
		木邊派	245	685	101119
		出雲路派	統計なし		
		山元派	29	60	1275
		誠照寺派	59	121	100509
		三門徒派	62	124	13005
		淨光寺派	30	51	15000
		合計	23331	48320	13727708
	辨長系	淨土宗	6123	8634	3899782
		同本派	1871	2435	2378690
		黑谷淨土	56	68	163050
		合計	8050	11137	6441522
	證空系	西山淨土	592	872	252800
		禪林寺派	381	671	128230
		深草派	300	373	100389
		曼陀羅派	27	36	3769
		合計	1300	1952	485188
		時宗	419	529	44835
		融通念佛	363	523	35000
		不斷念佛	28	91	59220
		總計	33491	62562	20793473

直接この經典を註釋し、研究したものについて一言したい。印度や中國については、數も少ないことであるから、現存しないでも、古い目錄に出てゐるものなどをあげることにした。然し、著者の見解で、これは明らかに重複してゐると思はれたものは省略したし、また天親の往生論はよいとしても、曇鸞の論註は、論に直結するもの、隨つて經には間接的であるかも知れないが、然しこれは必要と思ふのであげることにする。また曇鸞の讃阿彌陀佛偈や、元照の無量壽佛讃等の如き性格のものは、經と關係を持つてゐるが省略した。

日本に於ける研究註釋は實におびただしい數にのぼるので、その全部を盡すことは、餘りにも煩雜であるから、刊行されたもののみについて列擧することにした。寫本のものでも、勿論重要なものもあるわけであるが、今は讀者が參考にしうると云ふ看點に立つて、一往刊行のものに限つたわけである。但し日本のものでも鎌倉期までのものは、數も少ないし、然う云ふものがあつたことを知るだけでも、知識を豐富にすると思ふので、目錄によつて示すことにした。

印度の部

無量壽經優婆提舍願生偈一卷　北印度　天親　魏菩提流支譯（529）（大正藏二六 淨全一）

中國の部

無量壽經優婆提舍願生偈註二卷　魏　曇鸞（476～542）（大正藏四〇、續藏一、七一、淨全一、）

無量壽經義疏三卷　隋　慧遠（523～592）（大正藏三七、續藏一、三二、淨全五、）

同　一卷　唐　吉藏（549～523）（大正藏三七、續藏一、三二、淨全五、）

同　宗　要　一卷　新羅　元曉（617～）（大正藏三七、續藏一、三二、淨全五、）

同疏（述義記）三卷　新羅　義寂　東域錄

同　連義述文賛三卷　新羅　憬興（681～）（大正藏三七、續藏一、三二、淨全五、）

同　音義一卷　唐　慧琳（737～820）（大正藏五四）

同　古迹記一卷　新羅　太賢（753～）義天錄

同　宗要指事一卷　智憬　東域錄

同　指事私記一卷　智憬　東域錄

同　疏　令祐　東域錄

同　述義二卷　寂證　東域錄

同　疏二卷　唐　西明寺沙門才　東域錄

同　記二卷　唐　龍興寺名　東域錄

同　記二卷（卷上現存）唐　玄一　（續藏一、三二）

同　義疏二卷　　唐　法位　東域錄
同　疏三卷　　唐　彭州圓景山悟達　宋僧傳六
同　疏法燈二卷　　唐　京兆大安國寺僧徹　宋僧傳六
同　疏二卷　　汾州君興寺善寂　東域錄
同　疏一卷　　因法師　東域錄
同　義記卷下　　唐　燉煌出土（大正藏八五）
同　起信論三卷　　清　彭際清（1740～1796）（續藏一、三二）
同　會釋　　清　魏源（續藏二乙、二三）

日本の部

無量壽經賛抄一卷　興福寺　善珠（724～797）　東域錄
同　字記一卷　　同　　善珠　東域錄
同　四十八願釋一卷　延曆寺　良源（912～985）（佛全、天台小部集）
同　四十八願釋一卷　安居院　澄憲（～1203）敎典志
與悲華經阿彌陀四十八願鈔一卷　同　澄憲（～1203）敎典志
無量壽經釋一卷　　源空（1133～1212）（法然上人全集）

同　四十八願釋四卷　安居院　聖覺（1167～1235）教典志
同　四十八願義四卷　長樂寺　隆寛（1168～1247）教典志
無量壽經聞書二卷　禮阿然空（～1297）（續淨全十七）
同　鈔七卷　了慧道光（1243～1330）（淨全十四）
同　鈔名義辨事一卷　了慧道光（天和二(1682)刊）
同　大意一卷　了慧道光（續淨全十七）
同　別願義六卷　聖冏（1341～1420）（淨全十二）
同　見聞七卷　良榮理本（1342～1423）（寛永十八(1641)刊）
同　直談要註記二十四卷　聖聰酉譽（1366～1440）（淨全十三）
同　科玄概一卷　西吟（1605～1663）（眞全、顯宗疏の玄談とす）
同　顯宗疏十五卷　性海（1644～1727）（眞全）
同　隨聞講錄六卷　義山（1648～1717）（淨全十四）
同　合讃四卷　觀徹（1657～1731）（佛教大系）
同　貫思義三卷　理圓（1662～1751）（延享元(1744)刊）
同　會疏十卷　俊諦（1664～1721）（眞叢）
同　欣厭鈔四卷　性均（1679～1757）（享保十三(1728)刊）

同　玄談一卷　圓澄（1684～1726）（眞全）
同　略箋八卷　烜範（享保六(1721)刊）
同　要解三卷　法霖（1693～1741）（眞叢）
同　集解十五卷　白辨（佛全、續淨全三）
同　梵響記六卷　靈鳳（寛保三(1743)刊）
同　曼荼羅開壇記四卷　隨天（安永九(1780)刊）
同　甄解十八卷　道隱（1741～1813）（眞全、佛敎大系）
同　講義十卷　深勵（1749～1817）（佛大系）
同　四十八願聞書一卷　興隆（1759～1842）（眞叢）
同　庚寅錄八卷　法海（1768～1834）（眞大系一）
同　辛卯鈔十卷　法海（1768～1834）（眞大系二）
同　光讃三卷　月珠（～1856）（眞全）
同　五惡段聞記一卷　德龍（1772～1858）（天保十四(1843)刊）
同　義例一卷　寂潭（明治十七(1885)刊）
同　五惡段講義一卷　南渓（1783～1873）（明治二十一(1888)刊）
同　講錄二卷　松島善讓（1806～1886）（刊）

同　五惡段洗心錄一巻　松島善譲（1806～1886）（明治二十一(1888)刊）

同　講判一巻　南條神興（1814～1887）（大正三年(1914)刊）

同　決擇一巻　稲葉教山（昭和十(1935)刊）

同　講述七巻　越智専明（明治二十八(1895)刊）

同　要解一巻　阿満得聞（1826～1906）（明治二十九(1896)刊）

同　要義十八勝一巻　蓮元慈廣（1832～1915）（大正三(1914)刊）

同　貫綜錄一巻　楠　潜龍（1834～1896）（明治二十一(1888)刊）

同　講錄二巻　吉谷覺壽（1842～1914）（明治三十二(1899)刊）

同　五惡段管見一巻　服部範嶺（　～1925）（明治四十一(1908)刊）

同　聖訓講話一巻　小笠原篤實（明治四十二(1909)刊）

同　講錄一巻　南條文雄（1849～1927）（明治四十一(1908)刊）

同　大意一巻　前田慧雲（1857～1930）（前田慧雲全集）

同　論草一巻　眞宗中學（明治四十一(1908)刊）

浄土三部經講義一巻　柏原祐義（明治四十五(1912)刊）

無量壽經講義一巻　齊藤唯信（大正二(1913)刊）

同　義疏一巻　大谷光瑞（大正三(1914)刊）

同　五悪段講義一巻　藤原碩城（大正四(1915)刊）
同　研究號　無盡燈（大正八(1919)刊）
國語全譯、淨土三部經一巻　江部鴨村（大正九(1920)刊）
無量壽經眞義一巻　田中晴川（大正十一(1922)刊）
淨土三部經要旨一巻　鈴木法琛（大正十一(1922)刊）
現代意譯、淨土三部經　岩野眞雄（大正十一(1922)刊）
意譯、佛說無量壽經一巻　法藏館（大正十二(1923)刊）（意譯眞宗聖典）
通俗淨土三部經大意一巻　板原闡教（大正十二(1923)刊）
無量壽經本願義一巻　高松悟峯（大正十三(1924)刊）
同　五悪段講話一巻　曉烏　敏（大正十三(1924)刊）
同　解說一巻　加藤智學（大正十三(1924)刊）
淨土三部經總說一巻　富田貫了（大正十五(1926)刊）
同　講義一巻　佛教學會（昭和二(1927)刊）
大無量壽經講義一巻　雲山龍珠（昭和二(1927)刊）
同　概要一巻　金子大榮（昭和五(1930刊)）
淨土三部經講義一巻　勝山善讓（昭和八(1933)刊）

同　講話一卷　西谷順誓（昭和八(1933)刊）
大無量壽經　花田凌雲（昭和十(1935)刊）（聖典講讃全集）
大無量壽經の宗義　曾我量深（昭和十(1935)刊）（日本宗教講座）
大無量壽經の宗教一卷　多田　鼎（大正十四(1925)刊）
淨土三部經物語一卷　廣瀬　貢（昭和十二(1937)刊）
大無量壽經講義一卷　東福義雄（昭和十五(1940)刊）
同　講話二卷　金子大榮（昭和二十二(1947)刊）
同　研究一卷　森　二郎（昭和三十(1955)刊）
同　講話上　曉烏　敏（昭和三十一(1956)刊）
同　講讃一卷　明石惠達（昭和三十一(1956)刊）
同　入門一卷　佐々木憲德（昭和三十一(1956)刊）
同　講話一卷　眞野正順・佐藤密雄（昭和三十一(1956)刊）
淨土三部經概説一卷　坪井俊映（昭和三十一(1956)刊）

二

次に、大無量壽經を研究する人のための參考にまで、右の中で、代表的なものと思はれるものをあげて置き度いと思ふ。

聖道門とか淨土門とかと云ふ考へ方のワクをはずして、大無量壽經を眺め樣とする人は、天親の無量壽經優婆提舍願生偈、曇鸞の同註、慧遠及び吉藏の義疏、憬興の連義述文讃が重要な研究資料となる。勿論後にあげる別な立場からの參考書をも參考にする必要はあらうけれども、右のものを第一義的に使用する必要がある。次に淨土宗とか眞宗とかと云ふ、限られた立場を主として研究していくためには、それぐゝの宗に屬する先輩の代表作を求めるのが最も穩當である。先づ淨土宗から云ふと、望西樓了慧（1243～1330）の鈔七卷（淨全十四）、義山（1648～1717）の隨聞講錄六卷（淨全十四）、正德、享保の頃、芝の增上寺の學頭であつた白辨の集解十五卷、これらが、淨土宗に於ける代表的必讀書として、その宗の專門學者から推奬されてゐる。

次に眞宗の中、本願寺派では、性海（1644～1727）の顯宗疏十五卷（眞全一）、峻諦（1664～1721）の會疏十卷（眞叢三）、慧雲（1730～1782）の安永錄十二卷（眞全三）、道隱（1741～1813）の甄解十八卷（眞全一、佛大系一）、等が基本的なものとされてゐる。大谷派では、深勵（1749～1817）の講義十卷（佛大系一）、法海（1768～1834）の庚寅錄八卷（眞大系一）及び辛卯錄十卷（眞大系二）が規準的なものとされ、東西本願寺共、これらを以て代表作とし、研究者のために、之亦、專門の學者によつて推奬されてゐる。宗のワクをはずしたものにも、宗を立場とした註釋書によつて啓發される如く、宗を立場とするものに、隋唐諸家の、先にあげた註釋書が、思はざる示唆を與へて有益であることは言ふまでもない。

以上は、然し專門的な研究者への參考書になるのであつて、一般平易向きではない。一般むきと云ふことになると、總てについて目を通したわけでないから、自信を以てとやかく云ふ資格はないが、三部經講義の中にある柏原祐義師の講義、西谷順誓師の講話、金子大榮師の講話、東福義雄師の講義、曉烏敏師の講話、眞野正順師の講話、これらならばきつとよいものであらうと思ふ。また多田鼎師の大無量壽經の宗教もきつと心に觸れるようなものだと思ふけれども、直接讀んでいないので何とも申しかねる。讀む人の性格の相異によつて、甲によいもの必ずしも乙によくないし、丙によくないものでも丁によいと思はれるものもあるので、一概に云ふことは出來ないが、一般にこの經についての理解を得、この經の精神に觸れようと思ふ人には、この經の新しい口語譯を試みた本叢書に於けるものは、云ふまでもないが、以上の中から選擇されたならば如何であろうかと思ふ。

石上玄一郎先生の著作権継承者様を捜しております。連絡先をご存じの方は、法藏館編集部までご一報ください。

著者略歴

石上玄一郎（いしがみ　げんいちろう）

新小説家。実存思想や仏教思想への関心が深く、その影響を受けた独自の作風を展開した。

本名　上田重彦（うえだ　しげひこ）。

1910年、北海道札幌市生まれ。

1930年、旧制弘前高等学校文科中退。

1939年、『針』で文壇デビュー。後に『精神病学教室』を発表し作家としての地位を確立。

1956年、大阪成蹊女子短期大学教授に就任。

2009年10月没。

主著『絵姿』（中央公論社）『精神病学教室』（中央公論社のちレグルス文庫）等、他多数。

結城令聞（ゆうき　れいもん）

仏教学者。博士。
1902年、兵庫県姫路市に生まれる
1927年、東京帝国大学文学部印度哲学科卒
東京大学教授、京都女子大学教授及び学長を歴任。
1992年８月没。
主著『唯識の思想と歴史』（大法輪閣）、『人間性の研究』（北方出版社）、『世親唯識の研究』上・下、『唯識典籍志』、『唯識三十頌　仏典講座』（いずれも大蔵出版）等、他多数。

新装版　大無量寿経〈他力本願〉

一九五七年一一月二〇日　初　版第一刷発行
二〇二一年　四　月一五日　新装版第一刷発行

著　者　石上玄一郎
　　　　結城令聞
発行者　西村明高
発行所　株式会社　法藏館
京都市下京区正面通烏丸東入
郵便番号　六〇〇－八一五三
電話　〇七五－三四三－〇〇三〇（編集）
　　　〇七五－三四三－五六五六（営業）

装幀　山崎　登
印刷・製本　亜細亜印刷株式会社

ISBN 978-4-8318-6579-3 C0015